KONRAD BUSCHBECK

Verschleierte Auslieferung durch Ausweisung

Schriften zum Völkerrecht

Band 28

Verschleierte Auslieferung durch Ausweisung

Ein Beitrag zur Abgrenzung von Auslieferungsrecht
und Fremdenpolizeirecht

Von

Dr. Konrad Buschbeck

DUNCKER & HUMBLOT / BERLIN

Alle Rechte vorbehalten
© 1973 Duncker & Humblot, Berlin 41
Gedruckt 1973 bei Buchdruckerei Bruno Luck, Berlin 65
Printed in Germany
ISBN 3 428 02863 5

Inhaltsübersicht

A. Einleitung 11

B. Das Verhältnis von Auslieferung und Ausweisung: Der Ansatz im Deutschen Recht 21

I. Fremdenpolizeiliche Möglichkeiten zur Entfernung flüchtiger Straftäter nach dem Ausländergesetz 21

   1. Die Abschiebung 22

   2. Die Ausweisung 24

II. Die Ausweisung wegen strafgerichtlicher Verurteilung 26

   1. Systematische Zuordnung der Ausweisung wegen strafgerichtlicher Verurteilung zum Fremdenpolizeirecht 26

   2. Die Voraussetzungen der Ausweisung strafrechtlich verfolgter Ausländer nach § 10 Abs. 1 Nr. 2 AuslG 27

   3. Die beiden Fallgruppen des § 10 Abs. 1 Nr. 2 AuslG 28

      a) Verurteilung wegen eines Verbrechens oder Vergehens 29

      b) Verurteilung wegen einer „Tat, die im Geltungsbereich des Ausländergesetzes ein Verbrechen oder Vergehen wäre" 29

   4. Partielle Verzahnung von Auslieferungsrecht und Ausweisungsrecht im deutschen Strafrecht 31

III. Gesetzgeberische Vorstöße zur Abgrenzung von Auslieferung und Ausweisung 33

   1. Vor Entstehung des Deutschen Auslieferungsgesetzes von 1929 .. 34

   2. Beratung des Deutschen Auslieferungsgesetzes von 1929 34

   3. Gegenwärtige Lage 35

IV. Verwaltungsvorschriften zur Abgrenzung von Auslieferung und Ausweisung 35

   1. Richtlinien für den Verkehr mit dem Ausland in strafrechtlichen Angelegenheiten 36

   2. Allgemeine Verwaltungsvorschrift zur Ausführung des Ausländergesetzes 37

   3. Unterschiedlicher Ansatz zur Abgrenzung von Auslieferung und Ausweisung 38

V. Zielsetzung der weiteren Untersuchung 38

C. Das Verhältnis von Auslieferung und Ausweisung im Völkerrecht .. 40

I. Gegenüberstellung von Auslieferung und Ausweisung 40

    1. Historische Entwicklung beider Institute 40
    2. Rechtssystematische Einordnung beider Institute 43
    3. Zweiseitigkeit der Auslieferung — Einseitigkeit der Ausweisung 48
    4. Funktion von Auslieferung und Ausweisung — Die Interessenlage unter den Beteiligten 51
    5. Materielle Unterscheidung beider Institute und Begriffsbestimmung 53

II. Das Rangverhältnis von Auslieferung und Ausweisung im Völkerrecht 55

    1. Das Rangverhältnis von Auslieferung und Ausweisung im vertragslosen Zustand 55
    2. Das Rangverhältnis beider Institute bei Bestehen eines Auslieferungsvertrags 57
        a) Sinn und Zweck von Auslieferungsverträgen 58
        b) Untersuchung einzelner Auslieferungsverträge 60
        c) Individuelle Rechtspositionen in Auslieferungsverträgen 61
        d) Die Beurteilung des Inhalts von Auslieferungsverträgen durch die Rechtsprechung 63
        e) Die Beurteilung des Inhalts von Auslieferungsverträgen im Schrifttum 65
        f) Ergebnis 68
    3. Das Verhältnis von Auslieferung und Ausweisung im Lichte neuerer Übernahmeabkommen 69
        a) Vorbehaltsklauseln zugunsten des Auslieferungsrechts 70
        b) Weite Auslegung des Vorbehalts zugunsten des Auslieferungsrechts 71
        c) Stellungnahme und Ergebnis 72

III. Vom Auslieferungsrecht unabhängige völkerrechtliche Schranken der Ausweisung und Abschiebung eines strafrechtlich Verfolgten in den Verfolgerstaat 73

    1. Willkürverbot 73
    2. Verbot des Rechtsmißbrauchs 76
    3. Menschenrechte 77
    4. Besonderheiten bei der Abschiebung flüchtiger Verbrecher 79

IV. Ergebnis 80

D. Das Verhältnis von Auslieferung und Ausweisung im Lichte der Auslieferungsvoraussetzungen des Deutschen Auslieferungsgesetzes 82

I. Der Zweck der Anforderungen des DAG an die zwischenstaatlichen Rechtsbeziehungen 82

   1. Der Grundsatz der Gegenseitigkeit 82

   2. Der Grundsatz der Spezialität 85

II. Der Zweck einzelner materieller und formeller Auslieferungsvoraussetzungen des DAG 89

   1. Der Grundsatz der beiderseitigen Strafbarkeit der Auslieferungstat 89

   2. Der Grundsatz der beiderseitigen Verfolgbarkeit der Auslieferungstat 91

   3. Der Grundsatz der Achtung deutscher Gerichtsentscheide 93

   4. Mindestvoraussetzungen hinsichtlich der Strafbarkeit der Auslieferungstat 96

III. Die Schutzrichtung des Grundsatzes der Nichtauslieferung wegen militärischer Taten 99

IV. Die Schutzrichtung des Grundsatzes der Nichtauslieferung wegen politischer Taten 101

   1. Geschichtlicher Hintergrund des § 3 DAG 102

   2. Die Stellung des § 3 DAG im Fremdenrecht der Bundesrepublik Deutschland 106

   3. § 3 DAG im Lichte der Interessen des ersuchten Staates 115

   4. Die spezielle Funktion des § 3 DAG und seine Beschränkung auf das Auslieferungsverfahren 119

V. Ergebnis 121

E. Schlußfolgerungen 122

Literaturverzeichnis 124

Abkürzungsverzeichnis

ABl.	=	Amtsblatt der Europäischen Gemeinschaften
AdG	=	Keesings Archiv der Gegenwart
AJIL	=	American Journal of International Law
All E.R.	=	All England Law Reports
AöR	=	Archiv des öffentlichen Rechts
APVO	=	AuslPolV
ArchVR	=	Archiv des Völkerrechts
AufenthG/EWG	=	Gesetz über Einreise und Aufenthalt von Staatsangehörigen der Mitgliedstaaten der Europäischen Wirtschaftsgemeinschaft vom 22. Juli 1969, BGBl. 1969 I, S. 927
AuslG	=	Ausländergesetz vom 28. 4. 1965, BGBl. 1965 I, S. 353
AuslGVwv	=	Allgemeine Verwaltungsvorschrift zur Ausführung des Ausländergesetzes (AuslGVwv) vom 7. 7. 1967, GMBl. 1967, S. 231
Auslieferungsverkehr	=	H. Grützner, Der Auslieferungsverkehr der Bundesrepublik Deutschland mit dem Ausland (siehe Schrifttumsverzeichnis)
AuslPolV	=	Ausländerpolizeiverordnung vom 22. 8. 1938, RGBl. I, S. 1053
BAnz.	=	Bundesanzeiger
BayObLGZ	=	Entscheidungssammlung des Bayerischen Obersten Landesgerichts
BBl.	=	Bundesblatt der Schweizerischen Eidgenossenschaft, Bern
BGBl.	=	Bundesgesetzblatt
BGE	=	Entscheidungen des Schweizerischen Bundesgerichts
BGH	=	Bundesgerichtshof
BGHSt	=	Entscheidungen des BGH in Strafsachen
BRD	=	Bundesrepublik Deutschland
BT-Drs.	=	Bundestagsdrucksache
Bull.	=	Bulletin des Presse- und Informationsamtes der Bundesregierung
BVerfGE	=	Entscheidungen des Bundesverfassungsgerichts
BVerwGE	=	Entscheidungen des Bundesverwaltungsgerichts
BYIL	=	British Yearbook of International Law
Cmnd.	=	Command Papers
DAG	=	Deutsches Auslieferungsgesetz vom 23. 12. 1929, RGBl. I, S. 239
DJZ	=	Deutsche Juristenzeitung
DÖV	=	Die Öffentliche Verwaltung

DR	=	Deutsches Recht
DRZ	=	Deutsche Rechtszeitschrift
DVAuslG	=	Verordnung zur Durchführung des Ausländergesetzes (DVAuslG) vom 10. 9. 1965, BGBl. I, S. 1341 i. d. F. vom 10. 3. 1967, BGBl. I, S. 283
DVBl.	=	Deutsches Verwaltungsblatt
E	=	Entscheidungen, Entscheidungssammlung
ESVGH	=	Entscheidungssammlung des Baden-Württembergischen VGH
EWG	=	Europäische Wirtschaftsgemeinschaft
F.	=	Federal Reporter (USA)
FAZ	=	Frankfurter Allgemeine Zeitung
Fontes	=	Fontes Juris Gentium
F. Supp.	=	Federal Supplement (USA)
GA	=	Goltdammer's Archiv für Strafrecht
GBl.	=	Gesetzblatt
GG	=	Grundgesetz für die Bundesrepublik Deutschland vom 23. 5. 1949, BGBl. S. 1
GMBl.	=	Gemeinsames Ministerialblatt der Bundesministerien
GVBl. oder GVOBl.	=	Gesetz- und Verordnungsblatt
HAG	=	Gesetz über die Rechtsstellung heimatloser Ausländer im Bundesgebiet vom 25. April 1951, BGBl. I, S. 269
I.C.J. Reports	=	International Court of Justice Reports of Judgements, Advisory Opinions and Orders
ICLQ	=	International and Comparative Law Quarterly
IGH	=	Internationaler Gerichtshof
ILA	=	The International Law Association
I.L.Q.	=	International Law Quarterly
JöR	=	Jahrbuch des öffentlichen Rechts
JR	=	Juristische Rundschau
JuS	=	Juristische Schulung
Justiz	=	Die Justiz, Amtsblatt des Justizministeriums Baden-Württemberg
JW	=	Juristische Wochenschrift
JZ	=	Juristenzeitung
K. B.	=	Law Reports, King's Bench Division
Lindenmaier-Möhring	=	Nachschlagewerk des BGH
MDR	=	Monatsschrift für Deutsches Recht
MRK	=	Konvention zum Schutze der Menschenrechte und Grundfreiheiten vom 4. 11. 1950, BGBl. 1952 I, S. 685
NJW	=	Neue Juristische Wochenschrift
OLG	=	Oberlandesgericht
OVG	=	Oberverwaltungsgericht
OVGE	=	Entscheidungssammlung der Oberverwaltungsgerichte
Paßgesetz	=	Gesetz über das Paßwesen vom 4. 3. 1952, BGBl. 1952 I, S. 290

Rec. des Cours	= Recueil des Cours de L'Académie de Droit International de la Haye
Rev.	= Revue
RG	= Reichsgericht
RGBl.	= Reichsgesetzblatt
RGSt	= Entscheidungen des Reichsgerichts in Strafsachen
RIDP	= Revue International de Droit Pénal
RiVASt	= Richtlinien für den Verkehr mit dem Ausland in strafrechtlichen Angelegenheiten vom 15.1.1959, Hamburg, Berlin, Bonn
RMinBl	= Reichsministerialblatt
S. Ct. Rep.	= Supreme Court Reports
Sirey	= Recueil général des lois et des arrêts, begründet von Sirey
Sten. Prot.	= Stenographische Protokolle
StGB	= Strafgesetzbuch vom 15.5.1871, RGBl. S. 127 i. d. F. vom 25.8.1953, BGBl. 1953 I, S. 1083 mit späteren Änderungen
StIGH	= Ständiger Internationaler Gerichtshof
2. StrRG	= 2. Gesetz zur Reform des Strafrechts vom 4.7.1969, BGBl. I, S. 717 ff.
StPO	= Strafprozeßordnung i. d. F. vom 17.9.1965, BGBl. I, S. 1374
Suppl.	= Supplement
U.	= Urteil
UN	= United Nations
U.S.	= United States Reports (U.S. Supreme Court)
VerwArch	= Verwaltungsarchiv
VG	= Verwaltungsgericht
VGH	= Verwaltungsgerichtshof
VRspr.	= Sammlung der Verwaltungsrechtsprechung in Deutschland
VwvAuslG	= AuslGVwv
WVR (1924—1929)	= Wörterbuch des Völkerrechts und der Diplomatie, herausgegeben von Strupp, Berlin und Leipzig Bd. 1 (1924); Bd. 2 (1925); Bd. 3 (1929)
WVR (1960—1962)	= Strupp-Schlochauer, Wörterbuch des Völkerrechts, 2. Auflage, Berlin Bd. 1 (1960); Bd. 2 (1961); Bd. 3 (1962)
ZaöRV	= Zeitschrift für ausländisches öffentliches Recht und Völkerrecht
ZStW	= Zeitschrift für die gesamte Strafrechtswissenschaft

A. Einleitung

I. Die vorliegende Arbeit befaßt sich mit den Grenzen der Ausweisung und Abschiebung von Ausländern, die im Ausland strafrechtlich verfolgt werden. *Gegenstand der Untersuchung* ist die Frage, ob die in der Bundesrepublik Deutschland im Rahmen des Grundgesetzes bestehende staatliche Ausweisungs- und Abschiebungsbefugnis durch Bestimmungen des Deutschen Auslieferungsgesetzes, durch Auslieferungsverträge oder durch allgemeine Regeln des Völkerrechts eingeschränkt ist[1]. Gleichzeitig soll geprüft werden, ob dem Auslieferungsrecht im Hinblick auf Ausländer, die von einem fremden Staat strafrechtlich verfolgt werden, ein Vorrang vor den Rechtsregeln der Ausweisung und Abschiebung solcher Personen zukommt. Denn nur dann könnte der Fall eintreten, daß eine im übrigen gerechtfertigte Ausweisung und Abschiebung des Verfolgten mit der Begründung angefochten werden könnte, es handle sich um eine unzulässige „verschleierte Auslieferung". Fälle rechtswidriger Ausweisung und Abschiebung, in denen die Unzulässigkeit der Maßnahme sich bereits aus anderen[2] als speziell auslieferungsrechtlichen Gründen ergibt und bei denen es deshalb für die rechtliche Beurteilung auch gar nicht auf den Gesichtspunkt der „verschleierten Auslieferung" ankommt, sollen von vornherein aus der Betrachtung ausgeschieden werden.

II. Durch die Auslieferung wird der Verfolgte in den Bereich der Strafhoheit des Verfolgerstaates gebracht. Dieser Erfolg kann auch *außerhalb* des für die Auslieferung vorgesehenen Verfahrens herbeigeführt werden. In erster Linie bieten sich hierfür die fremdenpolizei-

---

[1] Zur Klärung der im folgenden benutzten üblichen Terminologie seien die an Auslieferung bzw. Ausweisung Beteiligten gleich zu Anfang eingeführt:
Der von einem *Auslieferungs*verfahren betroffene Ausländer wird als *Verfolgter* bezeichnet. Im Hinblick auf den Verfolgerstaat spricht man vom *ersuchenden* Staat; mit Bezug auf den Zufluchtsstaat, in dem sich der Verfolgte aufhält, vom *ersuchten* Staat.
Im Bereich des *Ausweisungs*rechts wird der ausweisende Staat als *Aufenthaltsstaat* und der Staat, in den der Ausgewiesene abgeschoben werden soll, als *Bestimmungsland* bezeichnet. Von ersuchendem und ersuchtem Staat wird hier lediglich im Zusammenhang mit der Durchsetzung des Ausreisebefehls gesprochen, wenn der ausweisende Aufenthaltsstaat das Bestimmungsland um Übernahme des betroffenen Ausländers ersucht.
[2] z. B. fremdenpolizeirechtliche oder grundrechtliche Erwägungen.

lichen Maßnahmen der Ausweisung und Abschiebung bzw. der Zurückweisung eines Verfolgten in den Verfolgerstaat an. Aber auch bei der häufig zwischen Staaten vereinbarten formlosen Überstellung von minderjährigen[3] oder geisteskranken Straftätern oder der Rückschaffung sonstiger hilfsbedürftiger Personen[4] lassen sich Fälle denken, in denen auf diesem Wege der Erfolg einer Auslieferung außerhalb des Auslieferungsverfahrens bewirkt wird[5]. Gleiches gilt für die Repatriierung von Deserteuren oder sonstigen Straftätern im Rahmen einer allgemeinen Rückführung von Kriegsgefangenen in einen Staat, in dem ihnen strafrechtliche Verfolgung droht[6]. Der Erfolg einer Auslieferung kann nicht zuletzt auch dadurch erreicht werden, daß der Aufenthaltsstaat die Entführung des Betroffenen in den Verfolgerstaat[7] duldet oder diesem gar die Nacheile auf sein Staatsgebiet erlaubt[8], anstatt sich an ein Auslieferungsverfahren zu halten.

Im folgenden sollen nicht alle denkbaren Formen einer Umgehung von Auslieferungsregeln untersucht werden. Ziel der Arbeit ist auch nicht die Feststellung der sich aus Art. 16 Abs. 2 S. 2 GG ergebenden Schranken für die Ausweisung und Abschiebung *politisch* Verfolgter[9]. Vielmehr soll erörtert werden, welche Schranken sich für die Ausweisung und Abschiebung der nicht bereits durch das Asylrecht des Art. 16 Abs. 2 S. 2 GG geschützten *strafrechtlich* verfolgten Ausländer aus Vorschriften des Auslieferungsrechts ergeben. Damit tritt das

---

[3] Vgl. Juris-Classeur d'instruction criminelle 3 (1950), „Extradition", Commentaires Nr. 99.

[4] Vgl. Nr. 14 der VwvAuslG zu § 10 AuslG.

[5] Siehe z. B. den Geschäftsbericht des Schweizerischen Bundesrates 1931, S. 276 Ziff. 6: Ein deutsches Auslieferungsersuchen wurde von den schweizerischen Behörden wegen völliger Zurechnungsunfähigkeit des Verfolgten abgewiesen, dieser aber nach Deutschland heimgeschafft ohne Sicherung gegen strafrechtliche Verfolgungsmaßnahmen.

[6] Hierzu *Schapiro*, Repatriation of Deserters, in: BYIL Bd. 29 (1952), S. 310 ff.

[7] Hierzu im einzelnen *Bauer*, Die völkerrechtswidrige Entführung (1968); *Doehring*, Restitutionsanspruch, Asylrecht und Auslieferungsrecht im Fall Argoud, in: ZaöRV Bd. 25 (1965), S. 209 ff.; *Evans*, Acquisition of Custody over the International Fugitive Offender-Alternatives to Extradition: A Survey of United States Practice, in: BYIL Bd. XL (1964), S. 77 ff. (89 ff.); *Marchand*, Entführungen auf fremdem Staatsgebiet, in: Journal der Internationalen Juristen-Kommission, Bd. 7 (1966), S. 270 ff.

[8] Ein Beispiel für gestattete Nachteile findet sich in Art. 14 des Nachbarschaftsabkommens zwischen *Frankreich* und *Monaco* v. 18. 5. 1963 (Décr. v. 24. 9. 1963, D. 1963.305), in dem beide Staaten sich gegenseitig Verfolgung und Ergreifung flüchtiger Verbrecher im Grenzgebiet gestatten, vgl. *Aymond*, „Extradition", in: Dalloz, Encyclopédie Juridique, Repertoire de Droit International, Bd. 1 (1968), S. 808 ff., 810 Nr. 16.

[9] Hierzu *Forgách*, Die Grenzen des von Art. 16 GG gewährten Asylrechts (1969), mit Nachweisen der umfangreichen Literatur.

Problem des *Verhältnisses* von *Auslieferung* und *Ausweisung* in den Mittelpunkt der Betrachtung. Gerade in diesem Bereich taucht die Frage der verschleierten Auslieferung am häufigsten auf.

III. Folgende *Beispielsfälle aus der Staatenpraxis* mögen die hier zu behandelnde Problematik veranschaulichen.

1. Die englischen Gerichte beschäftigte 1962 der Fall des amerikanischen Staatsangehörigen *Soblen*[10], der vor der drohenden Vollstreckung eines Strafurteils wegen Verrats verteidigungswichtiger Geheimnisse der USA an die UdSSR mit falschem Paß nach Israel geflüchtet und dort auf Betreiben der USA ausgewiesen worden war. In Begleitung eines US-Beamten wurde er von Tel Aviv nach Athen geflogen. Auf dem Weiterflug nach USA brachte Soblen sich so schwere Verletzungen bei, daß er in London in ein Krankenhaus eingeliefert werden mußte. Seine Rechtsmittel gegen Abweisung und Zurückschiebung sowie sein Asylantrag wurden abgelehnt. Trotz vorliegenden Visums zur Einreise in die Tschechoslowakei[11] wurde er zur Rückkehr in die Vereinigten Staaten gezwungen[12].

2. Bis vor die Europäische Menschenrechtskommission gelangte der von niederländischen Gerichten 1963 entschiedene Fall *Wallace*. Der mit falschem Paß in die Niederlande eingereiste amerikanische Staatsangehörige wurde dort wegen verbotenen Besitzes von Rauschmitteln zu zwei Jahren Gefängnis verurteilt. Als er nach Verbüßung der Strafe ausgewiesen wurde, waren nur die USA als Heimatstaat zu seiner Übernahme bereit. Dort drohte Wallace eine wesentlich höhere Strafe für Taten derselben Art, die er bereits früher in USA begangen hatte.

---

[10] R. v. Secretary of State for Home Affairs, Ex parte Soblen, [1962] 3 All E.R. 373; R. v. Governor of Brixton Prison, Ex parte Soblen, [1962] 3 All E.R. 641; United States v. Soblen, 199 F. Supp. 11, affirmed 301 F. 2d 236 (2d Cir. 1962), cert. denied 370 U.S. 944; siehe hierzu ALG, Extradition and Deportation, in: Law Quarterly Review Bd. 79 (1963), S. 41 ff.; *Evans*, Reflections upon the Political Offense in International Practice, AJIL Bd. 57 (1963), S. 1 ff. (9 f.); *O'Higgins*, Deportation or Extradition, in: CLJ 1963, S. 10 ff.; ders., Disguised Extradition: The Soblen Case, in: The Modern Law Review Bd. 27 (1964), S. 521 ff.; *Higgins*, The Soblen Case, in: The World Today Bd. 18 (1962), S. 415 ff.; *Thornberry*, Dr. Soblen and the Alien Law of the United Kingdom, in: ICLQ 1963, S. 414 ff.

[11] Siehe die Sachverhaltsdarstellung bei Lord Denning, [1962] 3 All E.R. 662 B.

[12] Der *Kanadische* Oberste Gerichtshof wies im Falle Moore v. The Minister of Manpower and Immigration die Klage eines in den USA strafrechtlich Verfolgten ab, der auf der Reise nach Panama von kanadischen Behörden gefaßt worden war; das Gericht erklärte seine Abschiebung nach USA für rechtens. Lediglich ein Mitglied des Gerichts bemängelte in einem abweichenden Votum die Nichtbeachtung des Auslieferungsverfahrens. Urteil vom 24. Juni 1968, abgedruckt in: International Law Reports, Bd. 43 (1971), S. 213 ff.

Ein amerikanisches Auslieferungsersuchen wurde von den niederländischen Behörden nicht beantwortet, da der amerikanisch-niederländische Auslieferungsvertrag eine Auslieferung wegen der fraglichen Delikte nicht vorsah. Alle Rechtsmittel des Betroffenen gegen die schließlich verfügte Abschiebung nach USA blieben erfolglos[13].

3. In den Jahresberichten über die *deutsche* Auslieferungspraxis[14] werden die hier interessierenden Fälle in der Rubrik der *„auf andere Weise erledigten"* Auslieferungsersuchen geführt.

a) So erledigte sich 1963 ein libanesisches Auslieferungsersuchen an die Bundesregierung dadurch, daß der Verfolgte auf Grund eines Aufenthaltsverbots nach Libanon abgeschoben wurde. Dem Auslieferungsersuchen hätte in jenem Fall wahrscheinlich *nicht* stattgegeben werden dürfen, weil der Verfolgte bereits wegen Straftaten der ihm zur Last gelegten Art in Deutschland rechtskräftig verurteilt worden war[15].

b) Ein österreichisches Auslieferungsersuchen an Deutschland wurde 1956 dadurch gegenstandslos, daß der Verfolgte kurz nach Eingang des Ersuchens in Vollzug eines bereits vorher eingeleiteten Ausweisungsverfahrens den österreichischen Behörden übergeben worden war[16].

c) 1960 ersuchte Jordanien die Bundesregierung um Auslieferung eines jordanischen Staatsangehörigen. Da ein Auslieferungsvertrag zwischen der Bundesrepublik Deutschland und Jordanien nicht bestand, wurde die jordanische Regierung aufgefordert, die Gegenseitigkeit zu verbürgen und die Spezialität zuzusichern. Daraufhin nahm die jordanische Regierung das Auslieferungsersuchen zurück. Der Verfolgte, gegen den auch in der Bundesrepublik ein Strafverfahren durchgeführt worden war, wurde aus dem Bundesgebiet ausgewiesen[17].

d) 1962 kündigte der Heimatstaat eines in der Bundesrepublik wegen Rauschgifthandels festgenommenen Ausländers ein Auslieferungsersuchen zur Strafverfolgung wegen angeblicher Rauschgiftdelikte an. Dennoch fragte die zuständige deutsche Staatsanwaltschaft über Inter-

---

[13] C. W. Wallace tegen den Staat der Nederlanden, Urteil des Hoge Raad vom 13. 9. 1969, in: Nederlandse Jurisprudentie 1963 Nr. 509, S. 1181—1196; Collection of Decisions of the European Commission of Human Rights No. 18, S. 19 (Teilentscheidung vom 13. 12. 1965); Nr. 20, S. 68 (Schlußentscheidung vom 13. 6. 1966); abgedruckt in: Yearbook of the European Convention on Human Rights — Annuaire de la Convention Europénne des Droits de l'homme, Bd. 8 (1965), S. 228; Bd. 9 (1966), S. 286.
[14] Von *Grützner* jährlich in den Beilagen zum Bundesanzeiger veröffentlichte Berichte über den Auslieferungsverkehr der Bundesrepublik Deutschland mit dem Ausland (Auslieferungsverkehr).
[15] Auslieferungsverkehr 1963, S. 9, Nr. 9.
[16] Auslieferungsverkehr 1956, S. 2, Nr. 7.
[17] Auslieferungsverkehr 1960, S. 7, Nr. 3.

pol unmittelbar bei der zuständigen Justizbehörde des anderen Staates an, ob man mit „einer Ausreise des Verfolgten in Begleitung eines Beamten" nach Abschluß des innerdeutschen Verfahrens einverstanden sei, was bejaht wurde. Obwohl inzwischen ein Auslieferungsersuchen der ausländischen Regierung eingegangen und die Staatsanwaltschaft davon unterrichtet worden war, ließ diese den Verfolgten in seinen Heimatstaat bringen. Die Regierung des Bestimmungslandes wurde daraufhin bei der Bundesregierung vorstellig, weil trotz des Auslieferungsersuchens der Verfolgte abgeschoben worden sei. Zwar sei der Betroffene der Strafverfolgung seines Heimatstaates nicht entzogen worden, das angewandte Verfahren sei aber doch befremdend[18].

4. Auch gegenüber der Bundesrepublik Deutschland kommt es vor, daß Personen, die *von deutschen Behörden strafrechtlich verfolgt* werden, vom ersuchten Staat in die Bundesrepublik abgeschoben werden. Obwohl für die Zwecke dieser Untersuchung die Abschiebung von Ausländern aus der Bundesrepublik Deutschland im Vordergrund der Betrachtung steht, sollen doch auch solche, mehr die Abgrenzung fremdenpolizeilicher Maßnahmen anderer Staaten zur Einlieferung[19] betreffende Fallsituationen zur Vervollständigung des Bildes am Rande erwähnt werden.

a) Ein 1954 an die iranische Regierung gerichtetes Auslieferungsersuchen fand 1955 durch Ausweisung des Verfolgten seine Erledigung. Da die iranischen Behörden Bedenken hatten, auf Grund der übermittelten Auslieferungsunterlagen einen Haftbefehl gegen den Verfolgten zu erlassen, sahen sie von der Durchführung eines Auslieferungsverfahrens ab, wiesen den Verfolgten aber wegen einer in Iran begangenen Straftat aus und schafften ihn mit einem nach Deutschland fliegenden Flugzeug außer Landes. Da die Polizei auf den Zwischenlandeplätzen darauf achtete, daß der Verfolgte das Flugzeug nicht verließ, konnte dieser bei seiner Ankunft im ersten deutschen Flughafen verhaftet werden[20].

b) Anders als im Falle *Zind*[21], dessen Auslieferung von Italien mit Rücksicht auf den vertraglichen Ausschluß der Auslieferung politischer Täter abgelehnt und der auch nicht nach Deutschland abgeschoben

---

[18] Auslieferungsverkehr 1962, S. 14, G., Nr. 1.
[19] Hierzu *Meyer*, Die Einlieferung (1953).
[20] Auslieferungsverkehr 1954, S. 5, Nr. 4; 1955, S. 5, Nr. 6.
[21] Siehe hierzu *Bundesinnenminister* Höcherl in der Fragestunde des Deutschen Bundestages, 4. BT, 46. Sitzung, Sten.Ber., S. 2017(C)—2018(A) und die weiteren Nachweise bei *Platz* und *Lörcher*, Völkerrechtliche Praxis der Bundesrepublik Deutschland im Jahre 1962, in: ZaöRV Bd. 24 (1964), S. 637 ff. (667 Anm. 158). Nach einer Mitteilung der FAZ vom 10. 7. 1970 wurde der 1958 nach seiner Verurteilung wegen antisemitischer Äußerungen aus der

worden war, hatten die deutschen Behörden im Falle des wegen Verdachts des Landesverrats verfolgten Redakteurs Conrad *Ahlers* bei den spanischen Behörden Erfolg mit einem politischen Überstellungsersuchen[22]. Ein Auslieferungsvertrag zwischen der Bundesrepublik Deutschland und Spanien bestand nicht. Auf eine Einschaltung der Internationalen Kriminalpolizeilichen Organisation (Interpol) wurde verzichtet, weil diese Organisation wegen § 3 ihres Statuts[23] nicht hätte tätig werden dürfen. Der deutsche Haftbefehl wurde der spanischen Polizei durch den Militärattaché der deutschen Botschaft in Madrid zur Kenntnis gebracht. Die spanische Polizei nahm Ahlers daraufhin vorläufig fest, um ihn als unerwünschten Ausländer abzuschieben. Ahlers, der sich in der Zwischenzeit zur Rückkehr nach Deutschland bereit erklärt hatte, wurde bis zu seinem Abflug von der spanischen Polizei bewacht und bei seiner Ankunft im Frankfurter Flughafen auf Grund des richterlichen Haftbefehls verhaftet.

Nachdem in der deutschen Öffentlichkeit Zweifel an der Rechtmäßigkeit des Vorgehens der spanischen Behörden laut geworden waren, erklärte der *Staatssekretär des Auswärtigen Amtes* am 10. November 1962 gegenüber dem spanischen Botschafter in Bonn, daß Ahlers von den spanischen Behörden in korrekter Weise festgenommen worden sei[24].

In der im Bundestag geführten Auseinandersetzung rechtfertigte der damalige *Bundesinnenminister Höcherl* das Vorgehen der im Falle Ahlers beteiligten deutschen und spanischen Behörden und bezog sich in diesem Zusammenhang auch auf das Verfahren im *Falle Zind:* „Vollkommen korrekt ... war es, daß trotz entgegenstehender Auslieferungsbedingungen, die nur jeweils den anderen Staat und nicht den ersuchenden Staat binden, ein solches Auslieferungsverlangen nicht über Interpol, sondern auf der direkten Polizeischiene gestellt wurde, wie das fortgesetzt geschieht[25]."

c) Gelegentlich sind die Fälle auch so gelagert, daß die Bundesrepublik gegen einen von ihr verfolgten Deutschen im Ausland paß-

---

BRD geflüchtete Studienrat *Zind* am 9. Juli 1970 aus Tripolis kommend auf dem Düsseldorfer Flughafen von der Polizei festgenommen (siehe auch FAZ vom 27. 7. 1970, S. 7).

[22] Siehe die dokumentierte Darstellung bei *Platz* und *Lörcher,* S. 666 ff.

[23] Die Vorschrift ist abgedruckt bei *Drechsler* und *Linke,* Rechtshilfeverkehr mit dem Ausland in Strafsachen (1961), S. 37. Sie lautet: „Jede Betätigung oder Mitwirkung in Fragen oder Angelegenheiten politischen, militärischen, religiösen oder rassischen Charakters ist der Organisation strengstens untersagt."

[24] Bull. 1962, S. 1789. Im gleichen Sinne sprach der Botschafter der BRD in Madrid beim spanischen Außenminister und beim spanischen Informationsminister vor, vgl. AdG 1962, S. 10244.

[25] 4. BT, 47. Sitzung, Sten.Ber., S. 2087 (A).

A. Einleitung

beschränkende Maßnahmen nach § 7 Abs. 1 Buchstabe b des Paßgesetzes[26] erläßt und auf diesem Wege die Rückkehr des flüchtigen Delinquenten erreicht[27]. Hierbei genügt es schon, wenn der Verfolgte in ein Land ausgewiesen wird, das ihn an Deutschland ausliefert[28].

Ein solcher Sachverhalt liegt einer Entscheidung des Landesverwaltungsgerichts Köln aus dem Jahre 1957 zugrunde, mit der eine gegen die Entziehung eines Reisepasses gerichtete Klage abgewiesen wurde[29]. Gegen den Kläger, der sich wegen starker Verschuldung nach Beirut abgesetzt hatte, war von einem deutschen Gericht ein Haftbefehl erlassen worden. Auf das Auslieferungsersuchen der Gesandtschaft der Bundesrepublik in Beirut schlug das libanesische Außenministerium wegen Fehlens eines deutsch-libanesischen Auslieferungsvertrages den folgenden, dann auch tatsächlich beschrittenen Weg vor:

Auf Ersuchen der Gesandtschaft der Bundesrepublik und nach Übermittlung des deutschen Haftbefehls lud die libanesische Fremdenpolizei den Kläger vor und zog seinen noch für mehrere Jahre gültigen Reisepaß ein. Der Paß wurde der deutschen Gesandtschaft zugeleitet, die dem Kläger ein Identitätspapier als Paßersatz ausstellte, das Gültigkeit nur zur Rückkehr nach Deutschland besaß. Gleichzeitig wurde der Kläger aufgefordert, den Libanon innerhalb von 14 Tagen mit seiner Familie zu verlassen. Einige Monate später wurde der Kläger von der libanesischen Polizei verhaftet und am gleichen Tage mit einem italienischen Schiff abgeschoben. Bei seinem Eintreffen in Italien wurde er von der italienischen Polizei festgenommen und über Österreich nach Deutschland ausgeliefert.

IV. In den meisten Fällen dieser Art dürfte der *Grund für die geschilderte Praxis* in dem Bestreben der Staaten liegen, die mitunter

---

[26] Die Vorschrift lautet: „Der Paß ist zu versagen, wenn Tatsachen die Annahme rechtfertigen, daß ... der Paßbewerber sich einer Strafverfolgung oder Strafvollstreckung, die im Inland gegen ihn schwebt, entziehen will. ..."

[27] Neuerdings BVerwG, Beschluß vom 1. 2. 1971 —I A 5/69, in: NJW 1971, S. 820: „Für die Paßversagung ist unerheblich, daß der fremde Staat den Paßbewerber, gegen den im Inland eine Strafverfolgung oder Strafvollstreckung schwebt, nicht ausliefert. Ein Paßbewerber, der nicht ausgeliefert wird, hat keinen Anspruch darauf, daß ihm durch die Ausstellung eines deutschen Passes der weitere Aufenthalt auf dem fremden Staatsgebiet ermöglicht wird (BVerwG, Urteil v. 6. 10. 1966 —I C 19/66 [Buchholz 402.06 § 7 Nr. 6])."

[28] So schon der vom Reichsgericht nicht beanstandete Fall des aus Griechenland auf Betreiben des Deutschen Reiches ausgewiesenen, nach Italien abgeschobenen und von dort nach Deutschland ausgelieferten von *Hammerstein*, RGSt 29 (1896), S. 22, abgedruckt in: Fontes Juris Gentium, Series A Sectio II Tomus 1 (1931), S. 382 Nr. 51.

[29] Bescheid des Landesverwaltungsgerichts Köln vom 28. 10. 1957, AZ 4 K 367/56.

lange Dauer[30] und nicht geringe Umständlichkeit des Auslieferungsverfahrens[31] zu vermeiden. In einer Reihe von Fällen mag die Erledigung von Auslieferungssachen durch ausländerpolizeiliche Maßnahmen aber ganz einfach auch darauf beruhen, daß die Ausländerpolizeibehörde ohne Kenntnis der ausländischen Strafverfolgung und in Unkenntnis des ausländischen Auslieferungsersuchens die Ausweisung des Verfolgten verfügt und diesen, da ihn kein anderer Staat aufnimmt, in den Verfolgerstaat abschiebt.

Auffällig ist, daß die deutschen Verwaltungsgerichte bei ihrer umfangreichen Judikatur im Bereiche des Fremdenrechts bisher kaum Anlaß dazu gesehen haben, sich eingehend mit diesen Fragen auseinanderzusetzen[32].

V. Die Fragen, die die dargelegte Staatenpraxis in rechtlicher Hinsicht aufwirft, kreisen um das Problem der Abgrenzung von Auslieferung und Ausweisung. *Vorstöße zur Klärung des Verhältnisses beider Verfahrensformen* sind wiederholt gemacht worden.

Das um die Jahrhundertwende vom *Institut de Droit International* in Angriff genommene Projekt der völkerrechtlichen Erfassung von Auslieferung und Ausweisung[33] ist neuerdings auf dem 10. Kongreß

---

[30] Die *durchschnittliche Dauer* der 1969 in der Bundesrepublik Deutschland abgeschlossenen Auslieferungsverfahren war mit 2,5 Monaten niedriger als im Jahre 1966, in dem die Durchschnittsdauer 3,2 Monate betrug, *Grützner*, Auslieferungsverkehr 1969, S. 14, F. Nr. 1.

[31] Für die USA siehe *Evans*, Acquisition of Custody over the International Fugitive Offender-Alternatives to Extradition: A Survey of United States Practice, in: BYIL Bd. XL (1964), S. 77 ff. (94 f.). Im Gegensatz zur praktischen Abschiebung lassen „delay, expense and uncertainty as to outcome" die Auslieferung als eine unbefriedigende Methode zur Rückführung flüchtiger Straftäter erscheinen. Schließlich mögen auch Erwägungen der „international comity" einen Staat zur Anwendung anderer Methoden der Rückschaffung als Auslieferung bewegen, *Evans*, ebenda, S. 97.

[32] Mit Recht weist *Kreppel*, Verfassungsrechtliche Grenzen der Auslieferung und Ausweisung (1965), S. 26 f., darauf hin, daß das Problem teilweise nicht gesehen wird. Siehe z. B. BVerwGE 4, 235 und 238: in beiden Fällen drohte Strafverfolgung wegen Fahnenflucht in Frankreich bzw. in Spanien; eine Abschiebung in den Verfolgerstaat wurde jedoch aus *anderen* Gründen als einem Verbot verschleierter Auslieferung für unzulässig gehalten; auch im zweiten Fall blieb die Frage offen.
OVG Berlin in OVGE 6, 160 (Fall *Glouhy*): der in die Tschechoslowakei Abgeschobene wurde dort wegen Spionage und Fahnenflucht verurteilt. Andere Gerichte begnügten sich mit der Feststellung, daß es sich nicht um eine Auslieferung handele: VG Berlin in JR 1962, S. 317 (Ausweisung trotz drohender nochmaliger Bestrafung wegen Münzverbrechens in Spanien); ESVGH 14, S. 157 läßt die Frage unerörtert, da die Ausweisung des wegen Wehrdienstverweigerung Verfolgten aus anderen Gründen unzulässig war. Eindeutig angesprochen wird das Problem der Wirksamkeit des Auslieferungsschutzes im Rahmen einer Ausweisung im Urteil des OVG Münster v. 1. 10. 1968, in DÖV 1969, S. 469, auf das unter D. IV genauer eingegangen werden wird.

[33] Hierzu unten C. I. 2.

A. Einleitung

für internationales Strafrecht in Rom 1969 ausführlich behandelt worden[34]. Die hierzu für einzelne Länder erstatteten Berichte[35], die in einer systematischen Schlußabhandlung[36] ausgewertet worden sind, geben zusammen mit dem bereits von der *International Bar Association* im Jahre 1964 vorgelegten Material[37] ein umfassendes Bild der Staatenpraxis in diesem Bereich. Davon wird im folgenden ausgegangen.

VI. Im *deutschen Recht* hat die Frage der Abgrenzung von Auslieferung und Ausweisung auch nach dem Inkrafttreten des *Ausländergesetzes* von 1965[38] nicht an Bedeutung verloren[39]. Anknüpfend an § 5 Ausländerpolizeiverordnung erhebt § 10 Abs. 1 Nr. 2 Ausländergesetz nämlich auch die im Ausland ergangene strafgerichtliche Verurteilung eines Ausländers zum Ausweisungsgrund. Da eine Beschränkung auf bereits vollstreckte oder nicht mehr vollstreckbare Strafurteile vom Gesetzgeber nicht vorgenommen ist, wird die Ausweisung auf Grund dieser Bestimmung also gerade auch für Fälle vorgesehen, in denen eine Auslieferung zur Strafvollstreckung in Betracht kommen kann.

Andererseits heißt es in den für alle Behörden geltenden *Richtlinien für den Verkehr mit dem Ausland in strafrechtlichen Angelegenheiten*

---

[34] In dem diesen Themenbereich vorbereitenden Fragebogen wird die Prüfung der Zusammenhänge zwischen Auslieferung und Ausweisung zu den Fragen gezählt, „qui occupent le premier rang dans les discussions internationales et revêtent l'importance practique la plus générale". Questions au programme du Xe Congrés international de droit pénal (Rome 1969) et Commentaires de ces questions, Question IV, Les Problèmes actuels de l'extradition, commentaire rédigé par *Schultz, Jescheck, Andrejew*, in: Revue International de Droit Pénal, Bd. 38 (1967), S. 14 ff.

[35] Bundesrepublik Deutschland, Österreich, Belgien, Brasilien, Chile, Vereinigte Staaten von Amerika, Finnland, Frankreich, Griechenland, Ungarn, Italien, Japan, Polen, Schweden, Schweiz, Tschechoslowakei, Jugoslawien. Die Berichte sind abgedruckt in: Revue International de Droit Pénal, 3. Jahrgang (1968), Heft 3/4.

[36] *Schultz*, Rapport général provisoire, in: Revue International de Droit Pénal, 3. Jahrgang (1968), S. 785—827. Die deutsche Fassung der Abhandlung ist in ZStW Bd. 81 (1969), S. 199—242 veröffentlicht.

[37] World Habeas Corpus and International Extradition, International Bar Association, Tenth Conference Report, Mexico City, July 1964, Zusammenfassender Bericht von *Lawson*, S. 37 ff. und Landesberichte (Irland, England, Schottland, Nordirland, Finnland, Frankreich, Bundesrepublik Deutschland, Niederlande, Neuseeland, Norwegen, Südafrika, Schweden, Schweiz, Thailand, USA).

[38] Hierzu *Doehring*, Neuregelungen des deutschen Fremdenrechts durch das „Ausländergesetz" von 1965, in: ZaöRV Bd. 25 (1965), S. 478 ff.

[39] So schreibt z. B. § 18 Abs. 1 AuslG für den Fall erneuter Einreise eines schon einmal Ausgewiesenen dessen Zurückweisung *bindend* vor, während diese Maßnahme nach vorangegangener Auslieferung nur *fakultativ* vorgesehen ist. — Während im Falle der *Ausweisung* eines Deutschen der Bund die Kosten des Transports nach Deutschland trägt, fallen die Kosten der *Einlieferung* der Landesjustizverwaltung zur Last, die die Auslieferung angeregt hat, hierzu *Grützner*, Auslieferungsverkehr 1954, S. 6, Nr. 6, mit einem anschaulichen Beispiel.

vom 15. 1. 1959 *(RiVAASt)* in Nr. 26 unter der Überschrift: „*Vorrang der Auslieferung vor der Ausweisung*", daß in den Fällen, in denen eine Auslieferung in Betracht kommt, diese nicht durch eine Ausweisung ersetzt werden dürfe[40]. Entsprechende Bestimmungen enthält die *Allgemeine Verwaltungsvorschrift zur Ausführung des Ausländergesetzes*[41].

Angesichts dieser Rechtslage stellt sich die allgemeine Frage, ob und in welchem Maße Verbote oder Beschränkungen des Auslieferungsrechts in den fremdenrechtlichen Bereich von Ausweisung und Abschiebung hineinwirken und ob Auslieferungsverbote gar die Wirkung eines Aufenthaltsrechts entfalten können.

Die hier angestellte Untersuchung dieser Fragen konzentriert sich in erster Linie auf Ausweisungen, die ihren Grund in einer Verurteilung im Sinne von § 10 Abs. 1 Nr. 2 AuslG wegen einer Tat finden, derentwegen dem Auszuweisenden im Bestimmungsland weitere Strafverfolgung oder Strafvollstreckung droht. Stehen nämlich in solchen Fällen der Ausweisung auslieferungsrechtliche Gesichtspunkte nicht entgegen, so dürften Ausweisung und Abschiebung eines im Bestimmungsland strafrechtlich Verfolgten erst recht unbedenklich zulässig sein, wenn neben der ausländischen Verurteilung noch andere, selbständige Ausweisungsgründe im Sinne von § 10 AuslG vorliegen.

---

[40] Siehe unten B. IV. 1. *Grützner* hat bereits 1962 (Auslieferungsverkehr 1962, S. 14) darauf hingewiesen, daß die Bestimmung „in der Praxis einige Schwierigkeiten bereitet".
[41] Hierzu unten B. IV. 2.

B. Das Verhältnis von Auslieferung und Ausweisung: Der Ansatz im Deutschen Recht

Maßnahmen der Ausländerpolizei können nur dann mit Vorschriften des Auslieferungsrechts in Konflikt geraten, wenn sie sich gegen Ausländer richten, die *im Ausland* Strafverfolgung oder Strafvollstreckung erwartet. Während die *Auslieferung* schon im letzten Jahrhundert vertraglich und schließlich auch gesetzlich geregelt wurde, blieb die *Ausweisung* von Ausländern aus dem Staatsgebiet lange dem Ermessen der Polizeibehörden überlassen. Das völkerrechtlich anerkannte Recht der Staaten, unerwünschte Ausländer aus dem Staatsgebiet zu entfernen, pflegte innerstaatlich nicht beschränkt zu werden[1].

Auf diesem Hintergrund sind, wie noch dargelegt wird[2], die Versuche zu sehen, den aus einer ganz anders gearteten Interessenlage hervorgegangenen Regeln des Auslieferungsrechts Geltung gegenüber fremdenpolizeilichen Maßnahmen zu verschaffen. Das Bedürfnis für solche Hilfskonstruktionen nimmt verständlicherweise in dem Maße ab, in dem das staatliche Ausweisungsrecht selbst gesetzlichen Regeln unterworfen und zunehmend mit rechtsstaatlichen Garantien umgeben wird[3]. Dieser Zusammenhang läßt sich gerade im deutschen Fremdenrecht deutlich erkennen.

I. Fremdenpolizeiliche Möglichkeiten zur Entfernung flüchtiger Straftäter nach dem Ausländergesetz

Die gesetzlichen Grundlagen für Eingriffe, durch die ein Ausländer *außerhalb eines Auslieferungsverfahrens* zur Rückkehr in den Bereich der Strafhoheit seines Verfolgerstaates gezwungen werden kann, bietet das deutsche *Ausländergesetz*. In Betracht kommen insofern die *Abschiebung* nach § 13 AuslG und die *Zurückschiebung* nach § 18 Abs .2

---

[1] Hierzu unten B. III und C. I. 1.
[2] Hierzu unten C. I. 4.
[3] Verfügungen der Ausländerpolizeibehörden können vom Betroffenen vor den Verwaltungsgerichten angefochten werden und wegen des auch Ausländern zustehenden Grundrechtsschutzes Gegenstand einer Verfassungsbeschwerde sein. Siehe zum Rechtsschutz gegen Ausweisung und Abschiebung *Kreppel*, Verfassungsrechtliche Grenzen der Auslieferung und Ausweisung (1966), S. 264 ff.

AuslG. Letztere betrifft den Sonderfall des unerlaubt eingereisten Ausländers, der innerhalb einer bestimmten, kurz bemessenen Frist in sein Herkunftsland zurückgebracht werden soll. Die Abschiebung dagegen ist das regelmäßige Verfahren zur zwangsweisen Entfernung von Ausländern aus dem Bundesgebiet.

1. Die Abschiebung

Die *Abschiebung* dient der Durchsetzung einer gesetzlichen Ausreisepflicht und stellt sich somit als Ausnahme von der in § 19 AuslG niedergelegten Ausreisefreiheit dar. Kommt ein Ausländer seiner Ausreisepflicht nicht nach, bestehen insofern begründete Zweifel[4] oder erscheint eine Überwachung der Ausreise aus Gründen der öffentlichen Sicherheit oder Ordnung erforderlich[5], so ist die Ausreise durch Abschiebung zu erzwingen und der Ausreisevorgang zu überwachen, sofern sich nicht Einschränkungen aus auch für Ausländer geltenden Grundrechtsbestimmungen[6], aus der Europäischen Menschenrechtskonvention[7] oder aus allgemeinen Regeln des Völkerrechts[8] ergeben und insbesondere §§ 14, 17 AuslG[9] sowie § 23 des Gesetzes über die Rechtsstellung heimatloser Ausländer[10] nicht entgegenstehen.

---

[4] Daß die *freiwillige Ausreise gesichert* ist, hat nach Nr. 6 AuslGVwv zu § 13 AuslG in der Regel der Ausländer darzutun. Nach Nr. 7 AuslGVwv zu § 13 AuslG ist die freiwillige Ausreise besonders dann *nicht* als *gesichert* anzusehen, wenn der Ausländer a) nicht über ausreichende Mittel zur Ausreise verfügt; b) zu erkennen gibt, daß er seiner Verpflichtung zur Ausreise nicht nachkommen wird oder c) eine Behörde getäuscht oder zu täuschen versucht hat.

[5] Nach der *amtlichen Begründung* zu § 13 Abs. 1 AuslG (BT-Drs. IV/868) enthält die Bestimmung damit einen „für das Ausländerrecht typischen Fall der Zwangsanwendung: in der Person des Ausländers liegende Gründe oder besondere Umstände des Einzelfalles, z. B. Sicherheitsgründe, können die Entfernung eines Ausländers unter polizeilicher Überwachung auch dann rechtfertigen, wenn der Ausländer sich bereit erklärt, das Bundesgebiet freiwillig zu verlassen".

[6] Hierzu *Bordewin*, Das Aufenthaltsrecht der Ausländer (1962), S. 30 ff., 81 ff.

[7] BGBl. 1952 II, S. 686. In Betracht kommen insbesondere Art. 3 (Verbot unmenschlicher Behandlung) und Art. 8 (Anspruch auf Achtung des Privat- und Familienlebens). Siehe hierzu *Morvay*, Rechtsprechung nationaler Gerichte zur MRK, S. 316 ff. (330); *Vogler*, Auslieferungsrecht und Grundgesetz, S. 212 ff.

[8] So BVerwG U. v. 17. 1. 1957 — I C 166.56. Hierzu unten C. III.

[9] Nach § 14 Abs. 1 AuslG darf ein Ausländer nicht in einen Staat abgeschoben werden, in dem sein Leben oder seine Freiheit wegen seiner Rasse, Religion, Staatsangehörigkeit, seiner Zugehörigkeit zu einer bestimmten sozialen Gruppe oder wegen seiner politischen Überzeugung bedroht ist. Dies gilt nicht für einen Ausländer, der aus schwerwiegenden Gründen als eine Gefahr für die Sicherheit anzusehen ist, oder der eine Gefahr für die Allgemeinheit bedeutet, weil er wegen eines besonders schweren Verbrechens rechtskräftig verurteilt wurde (Art. 32 Abs. 2 des Abkommens über

I. Entfernung flüchtiger Straftäter nach dem Ausländergesetz

Der Kreis der Personen, die den Geltungsbereich des Ausländergesetzes zu verlassen haben, ergibt sich aus § 12 AuslG. Es sind dies Ausländer, die weder eine Aufenthaltserlaubnis (§ 5 AuslG) oder eine Aufenthaltsberechtigung (§ 8 AuslG) besitzen noch von dem Erfordernis der Aufenthaltserlaubnis befreit sind (§ 2 Abs. 2—4, § 49 Abs. 2 AuslG), sowie ausgewiesene Ausländer (§ 10 AuslG). Einer dieser fremdenrechtlichen Tatbestände muß erfüllt sein, ehe die Abschiebung eines Ausländers in Betracht kommt.

In dem von § 12 AuslG umschriebenen Personenkreis lassen sich *zwei Gruppen* von Ausländern unterscheiden: unter den Voraussetzungen des § 9 Abs. 1 Nr. 1—3 AuslG erlöschen Aufenthaltserlaubnis und Aufenthaltsberechtigung kraft Gesetzes mit der Folge, daß die betreffenden Ausländer unmittelbar durch § 12 AuslG zur Ausreise aus der Bundesrepublik Deutschland verpflichtet sind. Dies ist der Fall, wenn der im Geltungsbereich des Ausländergesetzes anwesende Inhaber einer Aufenthaltserlaubnis oder Aufenthaltsberechtigung keinen oder keinen gültigen Paß mehr besitzt oder seine Staatsangehörigkeit wechselt oder verliert. Während in diesen Fällen außerhalb des Einflusses deutscher Behörden liegende Umstände maßgebend sind, bei deren Vorliegen der betreffende Ausländer *kraft Gesetzes* zur Ausreise verpflichtet ist, hängt in einer anderen Gruppe von Fällen die Entstehung der Ausreisepflicht von einer *Verfügung der deutschen Ausländerbehörden* ab. Dies gilt für die Verweigerung der Aufenthaltserlaubnis nach gestatteter Einreise gem. § 5 Abs. 1 AuslG und für die Ausweisung nach § 10 AuslG.

Sofern die Ausreisepflicht kraft Gesetzes eintritt, können die Ausländerpolizeibehörden auslieferungsrechtliche Gesichtspunkte allenfalls bei der Durchsetzung der Ausreisepflicht berücksichtigen. Hier interessieren in erster Linie die Fälle, in denen die Ausreisepflicht von einer behördlichen Verfügung abhängt. Dabei kann sich die folgende Untersuchung im Rahmen des § 13 AuslG auf die *Ausweisung* beschränken. Die in § 10 AuslG genannten Gründe bieten im wesentlichen ein negatives Spiegelbild der Voraussetzungen für die Erteilung der Aufenthaltserlaubnis nach § 2 Abs. 1 Satz 2 AuslG[11] und rechtfertigen daher auch deren Verweigerung nach gestatteter Einreise gemäß § 5 Abs. 1 AuslG.

---

die Rechtsstellung der Flüchtlinge vom 28. Juli 1951, BGBl. 1953 II, S. 559). — Nach § 17 AuslG kann die Abschiebung eines Ausländers zeitweise ausgesetzt werden (Duldung).

[10] BGBl III Nr. 243—1: „Ein heimatloser Ausländer darf weder an einen Staat ausgeliefert noch in einen Staat ausgewiesen, abgeschoben oder zurückgesandt werden, in dem sein Leben oder seine Freiheit wegen seiner Rasse, seiner Abstammung, seiner Herkunft, seines Glaubens, seiner religiösen oder politischen Anschauungen bedroht ist."

[11] Vgl. die amtliche Begründung zu § 9 *(jetzt § 10)* des Entwurfs eines Ausländergesetzes, BT-Drs. IV/868.

2. Die Ausweisung

Die Voraussetzungen für den Erlaß einer Ausweisungsverfügung sind in §§ 10 und 11 AuslG *abschließend* geregelt. Während noch § 5 APVO nur eine beispielhafte[12] Aufzählung der wichtigsten Ausweisungsgründe enthielt („ — ein Aufenthaltsverbot kann *insbesondere* erlassen werden..."), nennt § 10 AuslG die Tatbestände abschließend[13], bei deren Vorliegen die Ausländerbehörden ermächtigt sind, einem Ausländer den Aufenthalt im Bundesgebiet zu untersagen. Aus *anderen* als den in § 10 Abs. 1 Nr. 1—11 AuslG genannten Gründen darf ein Ausländer nach geltendem Recht *nicht* ausgewiesen werden[14].

Auch der Rückgriff auf das *Völkerrecht* ist im Rahmen des Ausländergesetzes zur Begründung einer in § 10 AuslG nicht vorgesehenen Ausweisung nicht mehr statthaft[15]. Zwar erzeugen die *allgemeinen Regeln des Völkerrechts* über Art. 25 GG unmittelbare Rechte und Pflichten für die Bewohner des Bundesgebiets. Dabei ist Art. 25 GG nach *Doehring* nicht nur als eine privilegierende Norm für die Ausländer aufzufassen, sondern erhält einen völkerrechtsgemäßen und staatserhaltenden Sinn dadurch, daß aus ihm auch *Rechte der Staatsgewalt* selbst abgeleitet werden[16]. Es besteht jedoch keine allgemeine Regel des Völkerrechts, die es einem Staat untersagt, die Gründe für eine Ausweisung von Ausländern aus seinem Staatsgebiet durch eine gesetzliche Aufzählung innerstaatlich zu beschränken, die nicht alle nach Völkerrecht zulässigen Ausweisungsgründe enthält. Ebenso ist es üblich und völkerrechtlich zulässig, daß Staaten sich gegenseitig verpflichten, mit Rücksicht auf die Staatsangehörigen des Partnerstaates nur ganz bestimmte Gründe zum Anlaß einer Ausweisung zu nehmen.

Derartige *Einschränkungen der Ausweisungsbefugnis* gegenüber Staatsangehörigen bestimmter Staaten können sich aus *Niederlassungs-, Freundschafts-* und *Schiffahrtsverträgen* ergeben[17, 18]. So ist z. B. mit

---

[12] Vgl. *Heinevetter* und *Hinzen*, Ausländerrecht (1964), S. 14; OVG Münster, Urt. v. 10. 9. 1963 — II a 483/63, in: DVBl. 1964, S. 593 [596].

[13] Nr. 1 AuslGVwv zu § 10 AuslG.

[14] Vgl. die amtliche Begründung zu § 9 Abs. 1 des Regierungsentwurfs eines Ausländergesetzes, BT-Drs. IV/868; *Kanein*, Ausländergesetz (1966), S. 116; *Kloesel* und *Christ*, Deutsches Ausländerrecht, § 10 S. 4; vgl. auch BVerwG Urt. v. 25. 2. 1969 — I C 11.68, in: DVBl. 1969, S. 589 f.; BVerwG Urt. v. 25. 2. 1969 — I C 35.68, in: DVBl. 1969, S. 590.

[15] Vgl. *Schiedermair*, Handbuch des Ausländerrechts (1968), S. 149 Anm. 1 zu § 10 AuslG; *anders* aber noch OVG Münster, in: DVBl. 1964, S. 593 ff. (596) *unter der Geltung der APVO*.

[16] *Doehring*, Die Allgemeinen Regeln des völkerrechtlichen Fremdenrechts (1963), S. 201.

[17] Vgl. Nr. 7 AuslGVwv zu § 10 AuslG; das europäische Niederlassungsabkommen vom 13. 12. 1955 (BGBl. 1959 II, S. 997) sieht die Ausweisung bei

I. Entfernung flüchtiger Straftäter nach dem Ausländergesetz

Rücksicht auf die zunehmende wirtschaftliche und politische Verflechtung der Mitgliedstaaten der Europäischen Wirtschaftsgemeinschaft für Maßnahmen zum Schutz der öffentlichen Ordnung und Sicherheit gegen EWG-Bürger ausschließlich das persönliche Verhalten der in Betracht kommenden Einzelpersonen ausschlaggebend, während strafrechtliche Verurteilungen *allein* diese Maßnahmen nicht ohne weiteres begründen können[19].

Für die Ausweisung strafrechtlich verurteilter Ausländer ist in erster Linie § 10 Abs. 1 Nr. 2 AuslG heranzuziehen, auf den sogleich noch eingegangen wird. Daneben könnte § 10 Abs. 1 Nr. 11 AuslG einen „Auffangtatbestand" darstellen, der die Ausweisung eines Ausländers für den Fall vorsieht, daß „seine Anwesenheit erhebliche Belange der Bundesrepublik Deutschland aus anderen als den in § 10 Abs. 1 Nr. 1—10 aufgezählten Gründen beeinträchtigt". Diese Bestimmung findet aber nur Anwendung, wenn der Sachverhalt, wegen dessen die Ausweisung in Betracht kommt, nicht bereits von den Tatbeständen des § 10 Abs. 1 Nr. 1—10 AuslG erfaßt wird[20]. Zudem ist — um eine Überdehnung des § 10 Abs. 1 Nr. 11 AuslG zu vermeiden — auf Empfehlung des Bundestagsausschusses für Inneres durch Kennzeichnung der zu schützenden Belange als „erheblich" klargestellt worden, daß eine Ausweisung nicht schon aus geringfügigem Anlaß vorgenommen werden soll[21].

---

ordnungsgemäßem Aufenthalt nur vor, wenn Gefahr für die Sicherheit des Staates besteht oder der Ausländer gegen die öffentliche Ordnung oder Sicherheit verstößt. Bei mehr als 10jährigem Aufenthalt kommt eine Ausweisung nur aus Gründen der Staatssicherheit bzw. dann in Betracht, wenn die Verstöße gegen Ordnung und Sicherheit besonders schwerwiegen. Vgl. auch Art. 3 des *deutsch-französischen* Niederlassungs- und Schiffahrtsvertrags vom 27.10.1956 (BGBl. 1957 II, S. 1662; Inkrafttreten: BGBl. 1959 II, S. 929); nach Art. 2 des *deutsch-griechischen* Niederlassungs- und Schiffahrtsvertrags vom 18.3.1960 (BGBl. 1962 II, S. 1505; Inkrafttreten: BGBl. 1963 II, S. 912) genügt bereits ein mindestens fünfjähriger ordnungsgemäßer Aufenthalt zur Begründung der weiteren Ausweisungserschwerung; ebenso der *deutsch-italienische* Freundschafts-, Handels- und Schiffahrtsvertrag vom 21.11.1957 (BGBl. 1959 II, S. 949, Inkrafttreten: BGBl. 1961 II, S. 1662).

[18] Hierzu *Schütterle*, Aufenthaltserlaubnis und zwischenstaatliche Vereinbarungen, in: DVBl. 1971, S. 345 ff. (348).

[19] Art. 3 EWG-Richtlinie 64/221 (ABl. 1964, S. 850), § 12 AufenthG/EWG. Hierzu *Marxen*, Deutsches Ausländerrecht (1967), Anm. 15 zu § 10, S. 153: die Gefährdung der öffentlichen Sicherheit oder Ordnung durch eine Straftat sei abzuwägen gegenüber dem Ziel des EWG-Vertrags, innerhalb der Gemeinschaft größtmögliche Freizügigkeit zu gewährleisten.

[20] Vgl. Nr. 15 AuslGVwv zu § 10 AuslG; BVerwG U. v. 25.2.1969 — I C 11.68, in: DVBl. 1969, S. 589 f.

[21] Ausschuß-Bericht zu Nr. 11, abgedruckt bei *Schiedermair*, Handbuch des Ausländerrechts (1968), S. 151. Siehe auch OVG Berlin, Urteil v. 24.2.1971 — OVG I B 48.70, in: JZ 1971, S. 650 ff., das dem Wortlaut des § 10 Abs. 1 Nr. 11 AuslG entnimmt, daß auch die vorhergehenden Ausweisungstatbestände in § 10 Abs. 1 Nr. 1—10 eine Beeinträchtigung erheblicher Belange der BRD voraussetzen.

II. Die Ausweisung wegen strafgerichtlicher Verurteilung

Am unmittelbarsten berührt der in § 10 Abs. 1 Nr. 2 AuslG niedergelegte Ausweisungsgrund die Frage des Verhältnisses von Auslieferung und Ausweisung. Nach dieser Bestimmung *kann*[22] ein Ausländer ausgewiesen werden, wenn er wegen eines Verbrechens oder Vergehens oder wegen einer Tat verurteilt worden ist, die im Geltungsbereich des Ausländergesetzes ein Verbrechen oder Vergehen wäre.

1. Systematische Zuordnung der Ausweisung wegen strafgerichtlicher Verurteilung zum Fremdenpolizeirecht

Die Ausweisung im Anschluß an eine strafrechtliche Verurteilung *im Aufenthaltsstaat* ist in verschiedenen Staaten vorgesehen, gelegentlich im Strafrecht selbst[23]. Eine entsprechende Regelung war auch für das deutsche Strafrecht beabsichtigt.

Der Entwurf des Allgemeinen Teils eines Strafgesetzbuchs nach den Beschlüssen der Großen Strafrechtskommission in erster Lesung vom Dezember 1956[24] sah unter den *Maßregeln der Besserung und Sicherung* neben den freiheitsentziehenden Maßregeln und der Sicherungsaufsicht in § 112 die Anordnung der Ausweisung eines zu Freiheitsstrafe von mehr als 3 Monaten verurteilten Ausländers vor. Damit sollte eine Maßregel geschaffen werden, deren Vorläufer durch das Gesetz über Reichsverweisung vom 23. März 1934[25] aus dem Strafgesetzbuch beseitigt worden waren. Seit der Ausländerpolizeiverordnung vom 22. August 1938[26] ist die Ausweisung von Ausländern allein Angelegenheit der *Polizeibehörden*. Einer *gerichtlichen* Anordnung bedarf es nach §§ 2, 17 des Gesetzes über das gerichtliche Verfahren bei Freiheitsentziehungen vom 29. Juni 1956[27] lediglich für die Verhängung der Ausweisungshaft bzw. Abschiebungshaft[28].

---

[22] Die Ausländerbehörde kann *nach ihrem Ermessen* die Ausweisung anordnen oder von ihr absehen. Eine *zwingende* Regelung war im Gesetzgebungsverfahren erwogen, aber schließlich abgelehnt worden (BT-Drs. IV/868; BR, 249. Sitzung vom 26. Oktober 1962, S. 203). Zur Ermessensausübung im Rahmen von § 10 Abs. 1 Nr. 2 AuslG siehe BVerwG, Urteil vom 16. 6. 1970 — I V 47/69 —, in: *Schüler* und *Wirtz*, S. 325.

[23] Vgl. Art. 55 des Schweizerischen Strafgesetzbuches; hierzu *Trautvetter*, Die Ausweisung von Ausländern durch den Richter im Schweizerischen Recht (1957), S. 103, der zu dem Ergebnis kommt, daß de lege ferenda die Ausweisung aus dem Strafgesetzbuch herausgenommen und im gesetzlichen Rahmen ausschließlich den Fremdenpolizeibehörden überlassen bleiben soll.

[24] Veröffentlicht vom Bundesministerium der Justiz, Bonn 1958.

[25] RGBl. 1934 I, S. 213.

[26] RGBl. 1938 I, S. 1053.

[27] BGBl. 1956 I, S. 599.

[28] § 16 AuslG. Vgl. die amtliche Begründung zu § 15 des Regierungsentwurfs eines Ausländergesetzes, BT-Drs. IV/868.

Der Entwurf ist *nicht* Gesetz geworden. Der den Maßregeln der Besserung und Sicherung gewidmete 6. Titel des 3. Abschnitts des 2. Gesetzes zur Reform des Strafrechts[29] sieht die Ausweisung nicht vor, nachdem die Befugnis für Ausweisungen strafrechtlich verurteilter Ausländer durch das Ausländergesetz von 1965 den Ausländerpolizeibehörden übertragen worden ist. Das entspricht dem Rechtscharakter der Ausweisung, die *keine* Art von Neben*strafe,* sondern eine Maßnahme polizeirechtlicher Natur ist[30].

Schiedermair[31] sieht in § 10 Abs. 1 Nr. 2 AuslG eine Ausbalancierung des Verhältnisses zwischen dem Geltungsanspruch der Entscheidungen der *Strafgerichte* und der Tätigkeit der *Ausländerbehörden.* Weil die Exekutive Entscheidungen der Jurisdiktion grundsätzlich anzuerkennen habe, knüpfe der Ausweisungstatbestand nicht an dem der Verurteilung zugrunde liegenden Sachverhalt, sondern an der Tatsache des Vorliegens eines Urteils an.

Hinsichtlich der in § 10 Abs. 1 Nr. 2 AuslG einbezogenen Straferkenntnisse *ausländischer* Gerichte ist der Gewaltentrennungsgrundsatz allerdings unerheblich. Schon deshalb kann der unterschiedliche Anknüpfungspunkt der Ausweisungsermächtigung des § 10 Abs. 1 Nr. 2 AuslG für das Verständnis der Vorschrift im folgenden nicht unberücksichtigt bleiben.

2. Die Voraussetzungen der Ausweisung strafrechtlich verfolgter Ausländer nach § 10 Abs. 1 Nr. 2 AuslG

§ 10 Abs. 1 Nr. 2 AuslG ermächtigt die Ausländerpolizei zur Ausweisung eines Ausländers, der (1) wegen eines Verbrechens oder Vergehens oder (2) wegen einer Tat verurteilt worden ist, die im Geltungsbereich des Ausländergesetzes ein Verbrechen oder Vergehen wäre.

Die Vorschrift ist knapper gefaßt als die entsprechende Bestimmung in § 5 Abs. 2 Buchstabe b der Ausländerpolizeiverordnung. Danach konnte ein Aufenthaltsverbot gegen den Ausländer erlassen werden, „der *im Reichsgebiet* wegen eines Verbrechens oder Vergehens oder *im Ausland* wegen einer Tat, die nach deutschem Recht als Verbrechen oder Vergehen gilt, rechtskräftig zu einer Strafe verurteilt worden ist". Im Gegensatz zur früheren Regelung wird nun eine *rechtskräftige* Verurteilung *nicht* mehr vorausgesetzt[32]. Im übrigen sind die beiden

---

[29] 2. StrRG vom 4. Juli 1969. BGBl. I, S. 717 ff.
[30] Vgl. BVerwG Urt. v. 25. 2. 1969 — I C 35.68, in: DVBl. 1969, S. 590 f.
[31] *Schiedermair,* Handbuch des Ausländerrechts (1968), S. 155 zu § 10 Abs. 1 Nr. 2 AuslG.
[32] Siehe die amtliche Begründung zu § 9 des Regierungsentwurfs eines Ausländergesetzes. Im übrigen ist die Voraussetzung rechtskräftiger Ver-

Tatbestandsalternativen nicht mehr *ausdrücklich* nach Verurteilungen im Reichsgebiet und nach solchen im Ausland geschieden, so daß eine entsprechende lokale Anknüpfung nunmehr nur aus dem Sinnzusammenhang der Vorschrift abgeleitet werden kann: Während die *erste* Tatbestandsalternative Verurteilungen *im* Geltungsbereich des Ausländergesetzes betrifft, handelt es sich bei der *zweiten* Alternative um Verurteilungen, die *außerhalb* des Geltungsbereichs des Ausländergesetzes ergangen sind[33].

3. Die beiden Fallgruppen des § 10 Abs. 1 Nr. 2 AuslG

Ausgangspunkt für das Verständnis des § 10 Abs. 1 Nr. 2 AuslG ist die Feststellung, daß die Bezugnahme auf Verbrechen oder Vergehen in der Vorschrift materielle Bedeutung hat. Die Beurteilung, ob eine Tat als Verbrechen oder Vergehen zu qualifizieren ist, richtet sich nach § 1 StGB[34]. Danach ist auszugehen von der Strafdrohung, mit der die einzelnen Straftatbestände des besonderen Teils des Strafgesetzbuchs versehen sind[35]. Es geht deshalb nicht an, die Qualifizierung der einem ausländischen Urteil zugrunde liegenden Tat an der vom ausländischen Gericht *verhängten* Strafe auszurichten. Ganz abgesehen von den erheblichen Unebenheiten, die sich aus den mannigfachen Unterschieden im Strafensystem verschiedener Länder ergeben, müßte eine Orientierung an der im konkreten Fall verwirkten Strafe zu Fehleinschätzungen führen.

Diese Auffassung wird bestätigt durch § 12 StGB in der Fassung des 2. Gesetzes zur Reform des Strafrechts, das am 1. Oktober 1973 in Kraft treten soll[36]. Die erwähnte Vorschrift definiert Verbrechen und Vergehen nun ausdrücklich als „rechtswidrige Taten" mit einer gewissen Mindeststrafandrohung. Da *rechtswidrig* im Sinne des Gesetzes nur solche Taten sein können, die das Rechtsgüterschutzsystem des deutschen Strafrechts verletzen, kann als Verbrechen oder Vergehen nur eine Tat angesehen werden, die einen materiellen Tatbestand des deutschen Strafrechts erfüllt.

---

urteilung immer dann, wenn sie gefordert wird, vom Gesetzgeber ausdrücklich genannt, z. B. in § 14 Abs. 1 S. 2 AuslG. Vgl. BVerwG, Urteil v. 24. 4. 1969 — I C 43/69, in: VerwRspr. 20, S. 847.

[33] Verurteilungen durch Gerichte der DDR sind, weil außerhalb des Geltungsbereichs des Ausländergesetzes ergangen, der zweiten Tatbestandsalternative des § 10 Abs. 1 Nr. 2 AuslG zuzuordnen.

[34] Vgl. z. B. *Schiedermair*, Handbuch des Ausländerrechts (1968), Anm. 9 zu § 10, S. 155 f.

[35] *Schönke-Schröder*, StGB, 10. Auflage 1961, S. 41 ff.

[36] 2. StrRG vom 4. 7. 1969, BGBl. 1969 I, S. 717 ff.

II. Ausweisung strafrechtlich Verfolgter

a) Verurteilung wegen eines Verbrechens oder Vergehens

Eine Verurteilung „wegen eines Verbrechens oder Vergehens" im Sinne der ersten Alternative des § 10 Abs. 1 Nr. 2 AuslG, wofür wie erwähnt allein Straftatbestände nach Maßgabe des § 1 Abs. 1 und 2 StGB in Betracht kommen, kann ausschließlich auf Grund des *deutschen* Strafrechts erfolgen. Da das Strafgesetzbuch als solches nur von den deutschen Gerichten angewendet wird, kommt insofern auch nur eine Verurteilung durch diese in Betracht. Allein bei einem Urteil, das in Anwendung des deutschen Strafrechts ergangen ist, kann schon unmittelbar aus dem Tenor entnommen werden, ob die Verurteilung „wegen eines Verbrechens oder Vergehens" erfolgte.

b) Verurteilung wegen einer „Tat, die im Geltungsbereich des Ausländergesetzes ein Verbrechen oder Vergehen wäre"

Beruht die Verurteilung, derentwegen eine Ausweisung verfügt werden soll, auf einem anderen als dem deutschen Strafrecht, liegt ein Urteil eines Gerichts außerhalb des Geltungsbereichs des Ausländergesetzes vor, so ist von der Ausländerpolizeibehörde festzustellen, wegen welcher Tat es ergangen ist und ob diese Tat im Geltungsbereich des Ausländergesetzes[37] und damit nach deutschem Strafrecht[38] ein Verbrechen oder Vergehen „wäre". Der Sinn der vom Gesetzgeber statt des Indikativs[39] gebrauchten Wendung erschließt sich, wenn man die zweite Tatbestandsalternative des § 10 Abs. 1 Nr. 2 AuslG nicht mit *„wäre"* enden läßt, sondern nach der hinter dieser Aussage stehenden Voraussetzung sucht.

Zunächst könnte das *„wäre"* grammatikalisch als *Irrealis* aufgefaßt werden: zur Ausweisung berechtigen Strafurteile, denen eine Tat zugrunde liegt, die zwar nach deutschem Strafrecht *kein* Verbrechen oder Vergehen ist, diese Voraussetzung aber erfüllen würde, wenn sie in der gleichen Weise *im* Geltungsbereich des Ausländergesetzes *begangen* worden wäre. Diese Auslegung würde den Ausweisungstatbestand des § 10 Abs. 1 Nr. 2 AuslG allerdings zu sehr einengen. Da ja die erste Tatbestandsalternative auf deutsche Strafurteile beschränkt ist, könnten ausländische Verurteilungen wegen im Ausland begangener Straftaten, die zugleich auch nach deutschem Recht Verbrechen oder Ver-

---

[37] Der Geltungsbereich des Ausländergesetzes umfaßt die Bundesländer und nach Maßgabe des § 53 AuslG auch Berlin.
[38] § 4 Abs. 1 StGB: „Das deutsche Strafrecht gilt auch für Taten, die ein Ausländer im Inland begeht."
[39] Anders § 2 Abs. 1 DAG, wonach die Auslieferung nur wegen einer Tat zulässig ist, „die nach deutschem Rechte ein Verbrechen oder Vergehen ist". Zu diesem Unterschied siehe unten D. II. 1.

gehen *sind*, eine Ausweisung auf Grund von § 10 Abs. 1 Nr. 2 AuslG nicht rechtfertigen. Ein derartiges Ergebnis wäre mit den ausländerpolizeilichen Zielsetzungen der Vorschrift nicht in Einklang zu bringen.

§ 10 Abs. 1 Nr. 2 AuslG kann in seiner zweiten Alternative aber folgendermaßen verstanden werden: Ausgewiesen werden kann ein Ausländer, der wegen einer Tat verurteilt worden ist, die als Verbrechen oder Vergehen zu qualifizieren wäre, wenn sie von einem Gericht *im Geltungsbereich des Ausländergesetzes abgeurteilt* würde. Die der Verurteilung zugrunde liegende Tat, wie sie sich aus dem vom erkennenden ausländischen Gericht festgestellten Sachverhalt ergibt, wird so betrachtet, wie sie von einem zuständigen Strafgericht im Geltungsbereich des Ausländergesetzes beurteilt werden würde. Ergibt diese Prüfung, daß die außerhalb des Geltungsbereichs des Ausländergesetzes ergangene Verurteilung eine Tat betrifft, die gleichzeitig auch nach deutschem Strafrecht als Verbrechen oder Vergehen einzustufen wäre, so wird diese Verurteilung einer im Geltungsbereich des Ausländergesetzes wegen eines Verbrechens oder Vergehens ergangenen Verurteilung gleichgestellt[40].

Für diese Auslegung spricht insbesondere der folgende Gesichtspunkt: Die Ausweisungsermächtigung des § 10 Abs. 1 Nr. 2 AuslG knüpft an die Tatsache der *Verurteilung, nicht* aber an die *Begehung* der Straftat[41] an. Wenn der Gesetzgeber innerhalb und außerhalb des Geltungsbereichs des Ausländergesetzes ergangene Verurteilungen einander gleichstellen wollte[42], so doch nur unter der Voraussetzung, daß sie ihrem Gewicht nach als „Verbrechen oder Vergehen" im Sinne des Strafgesetzbuchs zu qualifizieren sind. Durch die zweite Alternative des § 10 Abs. 1 Nr. 2 AuslG wird zwar der Kreis der zur Begründung einer Ausweisung berechtigten *Verurteilungen* um solche erweitert, die außerhalb des Geltungsbereichs des Ausländergesetzes ergangen sind. Nicht erweitert wurde dagegen der Kreis der für eine Ausweisung in Betracht kommenden Arten von *Straftaten*. In jedem Falle muß es sich hierbei um Verbrechen oder Vergehen im Sinne des materiellen deutschen Strafrechts handeln.

Das hypothetische „wäre" bezieht sich nur darauf, daß eine Verurteilung im Sinne der ersten Tatbestandsalternative, d. h. eine Verurteilung

---

[40] Vgl. *Kloesel-Christ*, Ausländergesetz, Anm. 6 zu § 10 Nr. 2 AuslG S. 10 f.: „Verurteilungen im Ausland sind nur dann von Bedeutung, wenn die Tat, wegen welcher verurteilt worden ist, sich nach deutschem Strafrecht als Vergehen oder Verbrechen darstellt."
[41] Vgl. BVerwG, Urteil v. 5. 3. 1968 — I C 64/66, abgedruckt in: *Schüler* und *Wirtz*, S. 284.
[42] Vgl. OVG Münster, Urteil v. 26. 5. 1964 — II A 1215/63, in: OVGE Bd. 20, S. 96.

aufgrund des *im Geltungsbereich* des Ausländergesetzes geltenden deutschen Strafrechts, nicht vorzuliegen braucht. Vielmehr soll der Ausweisungstatbestand bereits erfüllt sein, wenn die *materiellen*[43] Voraussetzungen eines Verbrechens oder Vergehens im Sinne des deutschen Strafrechts tatsächlich erfüllt sind. Auf diese Weise ist sichergestellt, daß auch bei einer ausländischen Verurteilung die Ausweisung nur wegen solcher Taten erfolgt, die aus der Sicht des deutschen Strafrechts die Belange der Bundesrepuplik Deutschland beeinträchtigen oder gefährden.

4. Partielle Verzahnung von Auslieferungsrecht und Ausweisungsrecht im deutschen Strafrecht

§ 10 Abs. 1 Nr. 2 AuslG stellt nur auf die Tatsache der *Verurteilung* wegen gewisser Taten, nicht aber auf die *Verbüßung* einer Srafe ab. Daraus ergeben sich Berührungspunkte mit dem Auslieferungsrecht, da auch der vom Ausland zur Vollstreckung eines Strafurteils Verfolgte ausgewiesen werden und auf diesem Wege möglicherweise in den Verfolgerstaat gelangen kann. Weiterhin läßt sich auch der Fall denken, daß die einer deutschen Verurteilung zugrundeliegende Tat gleichzeitig Gegenstand einer ausländischen Strafverfolgung ist.

In beiden Situationen kann das Verhältnis von Auslieferung und Ausweisung akut werden. Dabei soll nach § 14 Abs. 1 S. 2 AuslG die Verurteilung wegen eines besonders schweren Verbrechens sogar den Vollzug der Ausweisung eines im Sinne dieser Bestimmung politisch Verfolgten durch Abschiebung in den potentiellen Verfolgerstaat rechtfertigen. Unabhängig von der hier ausgeklammerten weiteren Frage, ob § 14 AuslG mit dem Asylgrundrecht des Art. 16 Abs. 2 S. 2 GG vereinbar ist[44], wird diese Einschränkung des Abschiebungsschutzes für die in § 14 AuslG genannten privilegierten Verfolgten hier nur zusammen mit der das Verhältnis von Auslieferung und Ausweisung betreffenden Frage nach der Existenz *auslieferungsrechtlicher* Grenzen der Ausweisung und Abschiebung strafrechtlich Verfolgter betrachtet.

Für einen *Teilbereich* der Ausweisungsermächtigung des § 10 Abs. 1 Nr. 2 AuslG wird das Problem des Verhältnisses von Auslieferung und

---

[43] Das internationale Strafrecht der §§ 4 ff. StGB ist als Rechtsanwendungsrecht streng genommen zwar ein Sondergebiet des materiellen Rechts, vgl. *Jescheck*, Zur Reform der Vorschriften des Strafgesetzbuchs über das internationale Strafrecht, in: Internationales Recht und Diplomatie, 1956/57, S. 76 f. Im Rahmen des § 10 Abs. 1 Nr. 2 AuslG (2. Alternative) wird die Geltung des deutschen Strafrechts aber ebenso wie die Zuständigkeit der deutschen Gerichte hypothetisch unterstellt; hierzu unten B. II. 4.
[44] Hierzu *Forgách*, Die Grenzen des von Art. 16 GG gewährten Asylrechts (1969), mit Nachweisen der umfangreichen Literatur (S. 206 ff.); *Kimminich*,

Ausweisung durch eine Bestimmung des deutschen Strafrechts geregelt: Ist nämlich die einer Ausweisungsverfügung zugrundegelegte Verurteilung durch ein deutsches Gericht wegen einer im Ausland begangenen Tat erfolgt, die nicht gegen das deutsche Volk, gegen deutsche Staatsangehörige, gegen deutsche oder international geschützte Rechtsgüter gerichtet ist[45], so konnte das deutsche Gericht nur dann zu einer Verurteilung wegen eines Verbrechens oder Vergehens gelangen, wenn sich die Geltung des deutschen Strafrechts aus § 4 Abs. 2 Nr. 3 StGB ergab: Nach dieser Vorschrift gilt das deutsche Strafrecht für die Auslandstat eines Ausländers, wenn „der Täter im Inland betroffen und nicht ausgeliefert wird[46], obwohl die Auslieferung nach der Art der Straftat zulässig wäre"[47].

§ 4 StGB ist innerdeutsches Recht und wird nicht von dem Verhältnis berührt, in dem die Bundesrepublik Deutschland rechtlich oder auch nur tatsächlich zu dem Staate steht, der für die Stellung eines Auslieferungsersuchens in Betracht kommt. Daraus ergibt sich, daß die Frage, ob die Auslieferung nach der Art der Straftat zulässig wäre, allein nach dem deutschen Auslieferungsgesetz zu entscheiden ist. Der Inhalt eines mit dem betreffenden Staat etwa geschlossenen Auslieferungsvertrages ist insofern unerheblich[48]. Ob die Auslieferung nach der Art der Straftat zulässig ist, ergibt sich für den Bereich des § 4 Abs. 2 Nr. 3 StGB lediglich aus den §§ 2 und 3 DAG[49].

Galt also das deutsche Strafrecht für die einer Verurteilung im Sinne von § 10 Abs. 1 Nr. 2 AuslG zugrunde liegende Tat allein wegen § 4 Abs. 2 Nr. 3 StGB, so setzt dies voraus, daß im konkreten Fall eine Auslieferung nach der Art der Tat zulässig gewesen wäre. Folglich ist ein

---

Die Entwicklung des Asylrechts in der Bundesrepublik Deutschland, in: JZ 1972, S. 257 ff. (258).

[45] Gemeint sind die in § 4 StGB normierten Fälle der Ausdehnung des Territorialitätsprinzips, wonach das deutsche Strafrecht für *im Inland* begangene Taten von Ausländern gilt (§ 4 Abs. 1 StGB).

[46] Hierzu im einzelnen BGHSt 18, 283 ff. (286 ff.).

[47] § 7 Abs. 2 Nr. 2 StGB in der Fassung des 2. StrRG: „Für andere Taten (d. h. solche, die nicht schon unter eine der anderen Geltungsbereichsvorschriften fallen), die im Ausland begangen werden, gilt das deutsche Strafrecht, wenn die Tat am Tatort mit Strafe bedroht ist oder der Tatort keiner Strafgewalt unterliegt und wenn der Täter ... zur Zeit der Tat Ausländer war, im Inland betroffen und, obwohl das Auslieferungsgesetz seine Auslieferung nach Art der Tat zuließe, nicht ausgeliefert wird, weil ein Auslieferungsersuchen nicht gestellt oder abgelehnt wird oder die Auslieferung nicht ausführbar ist."

[48] So jetzt ausdrücklich § 7 Abs. 2 Nr. 2 StGB in der Fassung des 2. StrRG: „... obwohl das Auslieferungsgesetz seine Auslieferung nach Art der Tat zuließe."

[49] Vgl. *Jagusch*, in: Leipziger Kommentar, 8. Aufl. § 4 Anm. 5 Nr. 3. Der Ausschluß der Auslieferung gemäß §§ 4 ff. DAG ist nicht von der „Art der Straftat" abhängig.

Konflikt mit dem Auslieferungsrecht ausgeschlossen, wenn die Ausländerbehörde diese Verurteilung nach Maßgabe des § 10 Abs. 1 Nr. 2 AuslG zum Anlaß einer Ausweisung nimmt. Diese Verzahnung von Auslieferungsrecht und Ausweisungsrecht kommt allerdings nur in einem eng begrenzten Kreis von Fällen zur Geltung[50], und zwar ohne Zutun der Ausländerpolizeibehörden, da die in § 4 Abs. 2 Nr. 3 StGB vorgesehene Berücksichtigung des Auslieferungsrechts bereits den Gerichten obliegt. Bei der im Rahmen des § 10 Abs. 1 Nr. 2 AuslG von den Ausländerpolizeibehörden vorzunehmenden Prüfung, ob die einer ausländischen Verurteilung zugrundeliegende Tat im Geltungsbereich des Ausländergesetzes ein Verbrechen oder Vergehen wäre, wird die Anwendbarkeit des materiellen deutschen Strafrechts unterstellt[51], so daß § 4 Abs. 2 Nr. 3 StGB hier nicht zum Zuge kommen kann. Das Problem des Verhältnisses von Auslieferung und Ausweisung bleibt also insoweit bestehen.

III. Gesetzgeberische Vorstöße zur Abgrenzung von Auslieferung und Ausweisung

Das Verhältnis der Bestimmungen des Deutschen Auslieferungsgesetzes und des Ausländergesetzes, die sich im konkreten Fall berühren können, ist bislang — wenn man von § 45 AuslG absieht —[52] gesetzlich *nicht ausdrücklich* geregelt worden. Das allgemeine Problem der Abgrenzung von Auslieferung und Ausweisung ist aber schon frühzeitig gesehen und im Zusammenhang mit der gesetzlichen Regelung der Auslieferung angesprochen worden[53]. Bei der Bewertung dieser frühen Stellungnahmen[54], die für die Einschätzung des Verhältnisses beider

---

[50] Das *belgische* Fremdenpolizeigesetz vom 30. 4. 1964 macht dagegen die Ausweisung strafrechtlich verurteilter Ausländer generell von der Auslieferungsfähigkeit der der Verurteilung zugrunde liegenden Tat abhängig, wobei allerdings die aus sonstigen Gründen der öffentlichen Ordnung und Staatssicherheit gebotene Ausweisung unberührt bleibt: „Le Roi peut expulser l'étranger qui a obtenu le permis d'établissement dans le royaume:
1° lorsqu'il juge sa présence dangereuse ou nuisible pour l'ordre public ou la sécurité du pays;
2° si l'étranger fait l'objet de poursuites ou a été condamné, même hors du royaume, pour crimes ou délits pouvant donner lieu à extradition ..."
(Zitiert nach: Les Codes Larcier, Edition 1965, Bd. II, Droit Pénal, S. 272 ff.).
[51] Siehe oben B. II. 3.
[52] § 45 AuslG nimmt das Auslieferungsverfahren von der sonst geltenden Allgemeinverbindlichkeit von Entscheidungen im Asylrechtsanerkennungsverfahren aus.
[53] Siehe z. B. *von Martitz*, Internationale Rechtshilfe in Strafsachen, Bd. 2 (1897), S. 635 f.; *Delius*, Das Auslieferungsrecht (1899), S. 7; derselbe, in: DJZ 1896, S. 104; *Fleischmann*, Stichwort „Ausweisung", in: WVR, Bd. 1 (1924), S. 334 ff.
[54] Siehe zuletzt insbesondere noch *Fraustädter*, DAG (1930), S. 20, 30 f.

Institute weiterhin bestimmend gewesen sind, darf nicht übersehen werden, daß sie zu einem Zeitpunkt abgegeben wurden, als die Ausweisung noch im freien Ermessen der Fremdenpolizei lag[55], während die Auslieferung schon an gesetzliche Voraussetzungen gebunden wurde[56].

1. Vor Entstehung des Deutschen Auslieferungsgesetzes von 1929

Bereits vor der Entstehung des Deutschen Auslieferungsgesetzes von 1929 wurde die Frage einer Regelung des Verhältnisses von Auslieferung und Ausweisung aufgeworfen. Als am 16. Januar 1905 im Reichstag ein Vorstoß zur Begründung der Alleinzuständigkeit des Reiches für den Abschluß von Auslieferungsverträgen behandelt wurde, erhoben sich Stimmen für die Schaffung eines Reichsausweisungsgesetzes[57]. Diesem Verlangen lag die Befürchtung zugrunde, daß die von der Reichsregierung vorgesehenen Auslieferungsverbote praktisch durch einzelstaatliche Ausweisungen illusorisch gemacht werden könnten[58].

2. Beratung des Deutschen Auslieferungsgesetzes von 1929

Auch im Zuge der Beratung des Deutschen Auslieferungsgesetzes von 1929 kam der Zusammenhang zwischen Auslieferungsverboten und fremdenpolizeilichem Aufenthaltsrecht zur Sprache. Zu erwähnen ist der bei der Ausschußberatung gestellte Antrag des kommunistischen Abgeordneten Dr. Alexander, der das Auslieferungsgesetz als ein „Gesetz über die Ausübung des völkerrechtlichen Asyls und die Auslieferung" ausgestaltet wissen wollte[59]. Damit näherte man sich wieder der schon bei Schaffung des *belgischen* Auslieferungsgesetzes 1833 geäußerten Ansicht, daß grundsätzlich jeder Flüchtling gegen die zwangsweise Zurückführung vor seinen ausländischen Richter zu schützen sei und nur in den gesetzlich vorgesehenen Ausnahmen ausgeliefert werden dürfe[60].

---

[55] Zur Entwicklung der gesetzlichen Regelung des deutschen Ausländerpolizeirechts *Bordewin*, Das Aufenthaltsrecht der Ausländer (1962), S. 8 ff.

[56] Hierzu unten C. I. 1.

[57] Erst das Reichsverweisungsgesetz vom 23. 3. 1934 (RGBl. I, S. 213) brachte eine reichseinheitliche Regelung des Ausweisungsrechts.

[58] Siehe Reichstagssession 1903—05, S. 3664.

[59] Siehe den Bericht des 13. Ausschusses (Rechtspflege) über den Entwurf eines DAG — Nr. 362 der Drucksachen, Reichstag IV. Wahlperiode 1928, Nr. 1191, S. 32. Eine sozialdemokratische Entschließung wollte dieses Ergebnis durch die Schaffung eines Reichs-Fremdenrechts erzielen, ebenda, S. 33.

[60] *von Martitz*, Internationale Rechtshilfe in Strafsachen, Band 2 (1896), S. 42.
Diese Auffassung wird neuerdings auch in der amtlichen Begründung zum Entwurf eines *niederländischen* Auslieferungsgesetzes zur Erklärung der im

Ferner wurde in der Beratung der Antrag gestellt, eine Strafvorschrift in das Gesetz aufzunehmen gegen einen „Amtsträger, der einen Ausländer aus dem Reichsgebiet entfernt, der deutschen Gerichtsbarkeit entzieht oder fremder Gerichtsbarkeit zuführt, ohne daß die durch das Auslieferungsgesetz vorgeschriebenen Feststellungen und Entscheidungen von den zuständigen Behörden getroffen sind". Dieser Antrag, der eine Umgehung der Auslieferungsverbote durch Ausweisung und Abschiebung verhindern sollte, wurde erst abgelehnt, nachdem der Vertreter des Reichsjustizministeriums Dr. Mettgenberg erklärt hatte, daß dem Antrag im wesentlichen bereits durch das geltende Recht, nämlich durch § 341 StGB[61], Rechnung getragen werde[62].

3. Gegenwärtige Lage

In jüngster Zeit ist die Frage einer gesetzlichen Abgrenzung von Auslieferung und Ausweisung im Zusammenhang mit den Vorarbeiten für eine Reform des Deutschen Auslieferungsgesetzes erneut erörtert worden. Es bestehen aber keine Anhaltspunkte dafür, daß eine spezielle Abgrenzungsvorschrift in ein neues Auslieferungsgesetz eingefügt wird[63].

IV. Verwaltungsvorschriften zur Abgrenzung von Auslieferung und Ausweisung

Im geltenden Recht finden sich Bestimmungen über das Verhältnis von Auslieferung und Ausweisung lediglich auf der Ebene von Verwaltungsvorschriften und Richtlinien.

---

niederländischen Recht bis dahin geltenden Beschränkung der Auslieferung auf die vertraglich festgelegten Auslieferungsdelikte angeführt und mit Rücksicht auf die seit dem 2. Weltkrieg im Vordergrund stehende Tendenz zur internationalen Zusammenarbeit bei der Verfolgung von Straftätern als überholt abgelehnt, Staaten-Generaal, 2. Kamer, Bijlagen 1964—1965 Nr. 8054 — Uitleveringswet, Memoire van toelichting, S. 11 Buchstabe c.

[61] § 341 StGB gilt noch heute unverändert: „Ein Beamter, welcher vorsätzlich, ohne hierzu berechtigt zu sein, eine Verhaftung oder vorläufige Ergreifung und Festnahme oder Zwangsgestellung vornimmt oder vornehmen läßt oder die Dauer einer Freiheitsentziehung verlängert, wird nach Vorschrift des § 239, jedoch mindestens mit Gefängnis von drei Monaten bestraft."

[62] Bericht über die 14. Sitzung des 13. Ausschusses (Rechtspflege), Reichstag IV. Wahlperiode 1928, Nr. 1191.

[63] Vgl. die (unveröffentlichte) Niederschrift über die siebte Tagung der Kommission zur Reform des Deutschen Auslieferungsgesetzes vom 6. bis 9. April 1965. Zum Zeitpunkt des Berichts *Grützners* über den Auslieferungsverkehr der BRD mit dem Ausland im Jahre 1969 — Juli 1971 — war der Entwurf eines Gesetzes über die Internationale Rechtshilfe in Strafsachen (IRG), das das Auslieferungsgesetz ablösen soll, noch nicht den gesetz-

B. Auslieferung und Ausweisung im Deutschen Recht

1. Richtlinien für den Verkehr mit dem Ausland in strafrechtlichen Angelegenheiten (RiVASt) vom 15. Januar 1959[64]

Die von der Bundesregierung und den Regierungen der Länder vereinbarten und für ihren jeweiligen Zuständigkeitsbereich erlassenen *Richtlinien für den Verkehr mit dem Ausland in strafrechtlichen Angelegenheiten* richten sich vornehmlich an Staatsanwaltschaften und Verwaltungsbehörden und damit auch an die Ausländerpolizeibehörden[65]. Im Rahmen ihres Geltungsbereichs sind die Richtlinien anzuwenden, „soweit nicht zwischenstaatliche Verträge oder Vereinbarungen ihnen entgegenstehen. Sie sind auf den Regelfall abgestellt. In besonders gelagerten Fällen kann von ihnen abgewichen werden"[66].

In Nr. 26 der Richtlinien heißt es:

„Vorrang der Auslieferung vor der Ausweisung

In den Fällen, in denen eine Auslieferung in Betracht kommt, darf diese nicht durch eine Ausweisung ersetzt werden. Die deutschen Behörden müssen darauf achten, daß die Vorschriften des deutschen Auslieferungsgesetzes nicht umgangen werden."

Für den Bereich der Einlieferung bestimmt Nr. 108 der Richtlinien:

„Zum Unterschied von der Auslieferung wird eine Ausweisung von dem Aufenthaltsstaat ausschließlich im eigenen Interesse, z. B. aus sicherheitspolizeilichen Gründen, angeordnet. Kommt eine Auslieferung in Betracht, so ist es grundsätzlich unzulässig, auf ausländische Behörden dahin einzuwirken, daß statt der Auslieferung eine Ausweisung vorgenommen wird, oder ausländische Behörden um Mitteilung zu ersuchen, ob eine Ausweisung geplant sei. Erscheint ausnahmsweise eine solche Anfrage geboten, so ist die Entscheidung der obersten Justiz-Verwaltungsbehörde herbeizuführen."

Das nähere Verfahren der befaßten Behörden wird in Nr. 32 der Richtlinien, auf die in Nr. 26 ausdrücklich verwiesen wird, wie folgt festgelegt:

„Stellt eine Behörde fest, daß ein in Deutschland befindlicher Ausländer im Verdacht steht, im Ausland ein Verbrechen oder Vergehen begangen zu haben, oder daß er im Ausland wegen einer solchen Tat zu einer Freiheitsstrafe verurteilt worden ist, die er noch zu verbüßen hat, so benachrichtigt sie unverzüglich und unmittelbar den Generalstaatsanwalt bei dem Oberlandesgericht und zwar auch dann, wenn der Ausländer nicht festgenommen wird. Vor der Entscheidung des Generalstaatsanwalts dürfen keine Maßnahmen getroffen werden, die eine Auslieferung des Ausländers unmöglich machen würden.

---

gebenden Körperschaften zugeleitet worden, da der Entwurf noch in einigen Punkten ergänzt und geändert werden sollte (*Grützner*, ebenda, S. 2 A Nr. 2).

[64] Diese Richtlinien sind mit Wirkung vom 1. 4. 1959 an die Stelle der Richtlinien für den Rechtshilfeverkehr mit dem Ausland in Strafsachen vom 27. 3. 1934 (RMinBl. 1934, S. 141) getreten.

[65] Vgl. Nr. 1 Abs. 1 RiVASt.

[66] Nr. 1 Abs. 2 RiVASt.

IV. Verwaltungsvorschriften zur Abgrenzung

Falls der Generalstaatsanwalt damit rechnet, daß die ausländische Strafverfolgungs- oder Strafvollstreckungsbehörde die Auslieferung betreiben wird, berichtet er seiner vorgesetzten Behörde. In allen Fällen fragt er unmittelbar an, ob um die vorläufige Festnahme des Ausländers ersucht wird ...

Der Generalstaatsanwalt setzt die Behörde, die ihn benachrichtigt hat, davon in Kenntnis, ob ein Auslieferungsverfahren eingeleitet wird und gegebenenfalls wie dieses Verfahren ausgegangen ist."

Für den Fall der Unzulässigkeit einer Auslieferung sieht Nr. 49 der Richtlinien nur vor, daß der Generalstaatsanwalt prüft, ob gegen den Verfolgten wegen der dem Auslieferungsersuchen zugrunde liegenden Tat ein Strafverfahren einzuleiten ist. Gegebenenfalls trifft der Generalstaatsanwalt die erforderlichen Maßnahmen. Nach Nr. 44 der Richtlinien benachrichtigt er die Ausländerbehörde von der bevorstehenden Freilassung eines festgenommenen Ausländers.

Die Bedeutung der Richtlinien für den Verkehr mit dem Ausland in strafrechtlichen Angelegenheiten wird, worauf *Grützner* hingewiesen hat, häufig überschätzt[67]. Sie stellen weder ein Gesetz noch eine Verordnung dar, sondern enthalten nur allgemeine Empfehlungen, deren Beachtung durch alle deutschen Gerichts- und Verwaltungsbehörden erwartet wird[68].

2. Allgemeine Verwaltungsvorschrift zur Ausführung des Ausländergesetzes (AuslGVwv) vom 7. Juli 1967[69]

Zur Sicherung einer gleichmäßigen Durchführung des Ausländergesetzes hat der Bundesminister des Innern nach Maßgabe des § 51 des Ausländergesetzes allgemeine Verwaltungsvorschriften erlassen. Sie richten sich an die für die Durchführung des Ausländergesetzes zuständigen Behörden, enthalten jedoch keine allgemeinverbindlichen Rechtssätze[70].

Zur Frage des Verhältnisses von Auslieferung und Ausweisung heißt es unter Nr. 6 der Allgemeinen Verwaltungsvorschrift zu § 10 AuslG:

„Ein Ausländer kann auch wegen einer strafgerichtlichen Verurteilung im Ausland ausgewiesen werden (§ 10 Abs. 1 Nr. 2 AuslG). Soll er lediglich der Strafverfolgung oder Strafvollstreckung in einem anderen Staat zugeführt werden, so kommt hierfür nicht eine Ausweisung, sondern nur eine Auslieferung in Betracht."

---

[67] *Grützner*, Die Richtlinien für den Verkehr mit dem Ausland in strafrechtlichen Angelegenheiten (RiVASt) vom 15. Januar 1959, in: BAnz. Nr. 29 v. 12. 2. 1959, S. 4.
[68] Vgl. die Bekanntmachung vom 27. 3. 1934, RMinBl. 1934, S. 141.
[69] Abgedruckt in GMBl. 1967, S. 231.
[70] Vgl. *Kloesel* und *Christ*, Deutsches Ausländerrecht, zu § 51 AuslG.

Des weiteren bestimmt Nr. 21 der Allgemeinen Verwaltungsvorschrift zu § 13 AuslG:

„Eine Abschiebung darf nicht durchgeführt werden, wenn bereits ein förmliches Auslieferungsersuchen oder ein mit der Ankündigung eines Auslieferungsersuchens verbundenes Festnahmeersuchen eines anderen Staates vorliegt. Ist ein Auslieferungsersuchen weder gestellt noch angekündigt worden, so ist für eine Abschiebung eines Ausländers in einen Staat, in dem er eine Strafverfolgung oder Strafvollstreckung zu erwarten hat, die Angemessenheit der Maßnahme besonders zu prüfen. Ist ein Auslieferungsersuchen abgelehnt worden, soll eine Abschiebung in den Staat, der um Auslieferung ersucht hatte, dann unterbleiben, wenn die für die Ablehnung des Auslieferungsersuchens maßgebenden Gründen auch gegen eine Abschiebung sprechen (vgl. auch § 14 Abs. 1 Satz 1 AuslG)."

3. Unterschiedlicher Ansatz zur Abgrenzung von Auslieferung und Ausweisung

Der Vorbehalt zugunsten des Auslieferungsrechts, wie er sich in den angeführten Richtlinien und Verwaltungsvorschriften findet, ist im Ansatz unterschiedlich akzentuiert: Die Richtlinien für den Verkehr mit dem Ausland in strafrechtlichen Angelegenheiten wollen der Auslieferung in den dafür in Betracht kommenden Fällen Vorrang vor der Ausweisung einräumen. Dagegen kommt eine Auslieferung nach der Allgemeinen Verwaltungsvorschrift zur Ausführung des Ausländergesetzes nur dann vorrangig in Betracht, wenn der strafgerichtlich verurteilte Ausländer lediglich der Strafverfolgung oder -vollstreckung in einem anderen Staat zugeführt werden soll. Eine Stellungnahme zu dieser unterschiedlichen Abgrenzung von Auslieferung und Ausweisung ist erst auf der Grundlage des Ergebnisses der weiteren Untersuchung möglich[71].

V. Zielsetzung der weiteren Untersuchung

In der völkerrechtlichen und in der dem Landesrecht einzelner Staaten gewidmeten Literatur zum Fremdenrecht finden sich Äußerungen für ein Verbot der „verschleierten Auslieferung"[72]. Dieser immer wieder behauptete Grundsatz, der weder im Tatbestand noch in der Rechts-

---

[71] Siehe unten C. III. und E.
[72] Siehe z. B. *Kohler*, Der Savarkar-Streitfall zwischen Frankreich und England, in: *Schücking*, Das Werk vom Haag, 3. Teil (1914), S. 105 f.; *Fauchille*, Traité de droit international public, Bd. 1 (1922), S. 1034; *Fleischmann*, „Ausweisung", in: WVR Bd. 1 (1924), S. 335; *Fraustädter*, DAG (1930), S. 44 f.; *Reale*, Le droit d'asile, in: Rec.d.Cours 1938 I Bd. 36, S. 560; *Guggenheim*, Völkerrecht I (1948), S. 329; *Francois*, Handboek van het Volkenrecht, Bd. 1 (1949), S. 519; *Kimminich*, Der internationale Rechtsstatus des Flüchtlings (1962), S. 161, 327; *Schultz*, Das schweizerische Auslieferungsrecht (1953), S. 27 f.

V. Ziel der Untersuchung

folge präzisiert wird, beruht auf der Auffassung, daß das Auslieferungsrecht in den der Sache nach in Betracht kommenden Fällen vorrangige Beachtung vor anderen Maßnahmen verdiene und daher nicht umgangen werden dürfe[73].

Im deutschen Recht sieht § 10 Abs. 1 Nr. 2 AuslG die Ausweisung strafgerichtlich verurteilter Ausländer *ohne* einen Vorbehalt zugunsten einer etwa in Betracht kommenden Auslieferung vor, sofern sich nicht aus § 55 Abs. 3 AuslG etwas anderes ergibt. Auf Grund dieser Vorschrift bleiben vom Ausländergesetz abweichende Bestimmungen in völkerrechtlichen Verträgen unberührt. Darüberhinaus sind die allgemeinen Grundsätze des Völkerrechts nach Maßgabe des Art. 25 GG Bestandteil des deutschen Rechts[74]. Mit Rücksicht darauf soll das Verhältnis von Auslieferung und Ausweisung zunächst im völkerrechtlichen Bereich untersucht und festgestellt werden, ob hier die Auslieferung Vorrang vor der Ausweisung genießt.

Auf dem so gewonnenen Hintergrund werden dann die Voraussetzungen einer Auslieferung nach dem Deutschen Auslieferungsgesetz analysiert. Auf diesem Wege soll ermittelt werden, welche der für die Ablehnung eines Auslieferungsersuchens von Gesetzes wegen maßgebenden Gründe zugleich auch eine Abschiebung des Straftäters in den Verfolgerstaat verbieten könnten[75].

---

[73] Vgl. Nr. 26 der oben unter IV. 1. zitierten Richtlinien für den Verkehr mit dem Ausland in strafrechtlichen Angelegenheiten. Nach dem rechtsvergleichenden Bericht von *Schultz*, Les problèmes actuels de l'extradition, Rev. Int. de Droit Pénal Jg. 3 (1968), S. 785 ff., 819 sind *gesetzliche* Regelungen der Beziehungen von Auslieferung und Ausweisung *sehr selten*. Die in den deutschen Richtlinien der Auslieferung eingeräumte Vorrangstellung findet in den übrigen von Schultz berücksichtigten Rechtsordnungen offenbar keine Entsprechung.

[74] Hierzu *Doehring*, Die allgemeinen Regeln des völkerrechtlichen Fremdenrechts (1963).

[75] Vgl. den Ansatz in Nr. 21 AuslGVwv zu § 13 AuslG: „Ist ein Auslieferungsersuchen abgelehnt worden, soll eine Abschiebung in den Staat, der um Auslieferung ersucht hatte, dann unterbleiben, wenn die für die Ablehnung des Auslieferungsersuchens maßgebenden Gründe auch gegen eine Abschiebung sprechen."

C. Das Verhältnis von Auslieferung und Ausweisung im Völkerrecht

I. Gegenüberstellung von Auslieferung und Ausweisung

1. Historische Entwicklung beider Institute

Auslieferung und Ausweisung stehen schon in ihrer geschichtlichen Entwicklung dicht beieinander[1]. Ehe das Auslieferungsrecht seit dem letzten Jahrhundert durch Gesetze und Verträge auf feste Rechtsprinzipien gestellt wurde, gingen Auslieferung und Ausweisung praktisch vielfach ineinander über[2]. Erst mit zunehmender rechtlicher Durchformung des Auslieferungsrechts samt seiner materiellen und verfahrensmäßigen Beschränkungen wird die Frage der Abgrenzung gegenüber der Ausweisung zum Problem.

Die *Ausweisung* ist seit jeher als *einseitige* Selbstschutzmaßnahme des Staates gegen ihm zur Last fallende Ausländer in der Staatenpraxis anerkannt. Dagegen hat sich die *Auslieferung* als wesentlich komplizierteres *zweiseitiges* Rechtsinstitut erst mit zunehmender Rechtskultur entwickelt[3]. Den Anstoß zu dieser Entwicklung gaben die Veränderungen der Lebensbedingungen im beginnenden technischen Zeitalter, hervorgerufen durch die Freizügigkeit und die durch die modernen Verkehrsmittel gesteigerte Mobilität der Bevölkerung[4].

---

[1] Siehe *von Martitz*, Internationale Rechtshilfe in Strafsachen, Bd. 2 (1897), S. 627 f.

[2] Siehe z. B. *Müller*, Der Ausgelieferte vor dem Gerichte (1887), S. 5: Vom Standpunkt des ersuchten Staates aus habe man „die Auslieferung vielfach mit der sogenannten Fremdenpolizei in Verbindung gebracht, d. h. mit den Befugnissen, welche der Staatsgewalt gegenüber Nichtstaatsangehörigen zustehen, welche sich im diesseitigen Staatsgebiete aufhalten, namentlich mit der Befugnis der Ausweisung. Da in dieser Hinsicht meist der verwaltenden Thätigkeit keine wesentlichen Schranken gesetzt sind, so hat man ein Gleiches auch für die Auslieferung deduziert".

[3] *Kimminich*, Asylrecht (1968), S. 49 f. Siehe auch Begründung zu Art. 1 (a) der Harvard Law School Draft Convention on Extradition, AJIL Bd. 29 (1935), Suppl., S. 66: "The word 'extradition' ist relatively new. It seems to have appeared first in an official document in a French decree of February 19, 1791, and to have been used for the first time in a treaty by France in 1828. Before that date either the expression *restituer* or *remettre* had been used."

[4] Vgl. *Grosch*, Das deutsche Auslieferungsrecht und die Rechtshilfe in Strafsachen im Verhältnis zum Reichsausland mit den annotierten Aus-

I. Gegenüberstellung beider Institute

Im Mittelpunkt der die Entwicklung des *Auslieferungs*rechts begleitenden Auseinandersetzungen stand die Frage, ob die Staaten nach allgemeinem Völkerrecht verpflichtet sind, flüchtige Verbrecher an ihre Herkunftsländer auszuliefern oder ob die Staaten das Recht haben, die Auslieferung zu verweigern und Asyl zu gewähren[5].

Ausgehend von der naturrechtlichen Lehre, daß jedes Verbrechen allgemeine Menschheitsinteressen verletze und daß sich daher die ganze Menschheit im Kampfe gegen Verbrecher Beistand leisten müsse, haben insbesondere *Grotius*[6] und *de Vattel*[7] eine *allgemeine Auslieferungspflicht* bejaht[8]. Die Staatenpraxis folgte dieser Auffassung jedoch nicht[9]. Bis zum Beginn des 19. Jahrhunderts wurde die Auslieferung — eher die Ausnahme als die Regel — ausschließlich als ein politischer Hoheitsakt angesehen, der weitgehend von der Willkür des Staatsoberhauptes oder den jeweiligen politischen Machtverhältnissen abhängig war[10].

Das infolge der gewandelten Verkehrsverhältnisse gestiegene Bedürfnis der Staaten nach wirksamen Formen der grenzüberschreitenden Rechtshilfe und die Erfahrung, daß der Begehungsort die beste Basis für die Verbrechensbekämpfung ist, führten zu Beginn des 19. Jahrhunderts zu einer Renaissance des Territorialitätsprinzips und damit zur Ausbildung des Auslieferungsrechts[11].

1833 wurde in *Belgien* das erste Auslieferungsgesetz erlassen, allerdings gegen nicht geringen Widerstand, wobei der Entwurf als „contraire

---

lieferungsverträgen des Deutschen Reiches und der Bundesstaaten (1902), S. 1; *Schultz*, Aktuelle Probleme des Auslieferungsrechts, in: ZStW 1969, S. 199.

[5] Siehe hierzu die mit zahlreichen Nachweisen versehene Zusammenfassung in der UN-Drucksache E/CN. 4/983 v. 13. 1. 1969, S. 40 ff.

[6] *Grotius*, De Jure Belli ac Pacis (The Classics of International Law), Bd. 2, II, Kapitel 21, § 4.

[7] *de Vattel*, The Law of Nations or the Principles of Natural Law Applied to the Conduct and to the Affairs of Nations and of Sovereigns, Bd. 1, II, Kapitel VI, § 176, S. 136 f., der Übersetzung der Ausgabe von 1758 durch *Fenwick* (1916).

[8] Siehe neuerdings hierzu die Entscheidung des Bundeskriminalrichters von Buenos Aires vom 15. 12. 1965, deutsche Übersetzung in: ArchVR Bd. 14 (1968), S. 99 f.

[9] Vgl. *Bluntschli*, Le droit international codifié (1870), § 395, S. 218; *Moore*, Extradition Bd. 1 (1891), §§ 9—14, S. 13—19; *Clark*, Extradition (1903), S. 3; *Wheaton*, Elements of International Law (1929), S. 212; *Guggenheim*, Völkerrecht I (1948), S. 323; *Verdroß*, Völkerrecht (1964), S. 646. Siehe auch BGHSt 3, 392: „Das Völkerrecht kennt keinen allgemeinen Grundsatz, der zur Auslieferung verpflichtet."

[10] *Grützner*, „Auslieferung", in: WVR Bd. 1 (1960), S. 115.

[11] Vgl. *Pfenniger*, Ein Typus-Auslieferungsvertrag, in: Zeitschrift für schweizerisches Recht Bd. 45 N.F. (1935), S. 70 ff.

aux principes d'indépendance et d'honneur du pays" gebrandmarkt wurde[12]. Mit diesem Gesetz und der sich anschließend ausbreitenden Entwicklung wandelte sich die Auslieferung „von einem zuweilen gewährten Entgegenkommen, einem Mittel der Machtpolitik, in ein mit deutlichen Konturen versehenes und mit rechtsstaatlichen Sicherungen ausgestattetes Institut des Völker- und Landesrechts, welches zu einem häufig verwendeten Werkzeug der zwischenstaatlichen Rechtshilfe in Strafsachen wurde"[13].

Andererseits standen bevölkerungsarme Staaten der Auslieferung aus Gründen der Einwanderungspolitik auch weiterhin zurückhaltend gegenüber[14], wenngleich die Berufung auf das Asylrecht auch hier mit anderen Gründen gerechtfertigt zu werden pflegte[15]. Dabei wurde der Begriff des Asylrechts vielfach so weit ausgedehnt, daß darunter die Aufnahme und der Schutz aller Fremden, einschließlich der wegen gemeiner Delikte beschuldigten, gefaßt wurden[16]. Unter Führung Frankreichs setzte eine Bewegung zum Abschluß von Auslieferungsverträgen ein und damit eine Lösung von diesem weiten, Verwirrung stiftenden Asylbegriff[17].

Freilich sind die den Auslieferungsverträgen und -gesetzen der letzten hundert Jahre zugrundeliegenden Prinzipien noch weithin von dem Umstand gekennzeichnet, „daß sich ängstlich auf ihre Souveränität bedachte Staaten gegenüberstehen, welche die Auslieferung ausschließlich als eine zwischenstaatliche Beziehung auffassen und dem Ver-

---

[12] Zitiert nach *Pfenniger*, ibidem.

[13] *Schultz*, Aktuelle Probleme des Auslieferungsrechts, in: ZStW 1969, S. 199.

[14] Vgl. Harvard Law School Draft Convention on Extradition, Introductory Comment, in: AJIL Bd. 29 (1935), Suppl., S. 42 ff., 45: z. B. lehnte Rußland 1805 den Abschluß eines Auslieferungsvertrags mit Österreich ab, um nicht den Einwandererzustrom von österreichischen Bauern zu verlieren.

[15] Noch 1884 spricht die Democratic Platform, auf deren Grundlage Cleveland zum Präsidenten gewählt wurde, von „the liberal principle embodied by Jefferson in the Declaration of Independence and sanctioned in the Constitution, which makes ours a land of liberty and the asylum of the opressed of every nation", which „have been ever cardinal principles of the Democratic faith", zitiert nach *Kohler*, The Right of Asylum with Particular Reference to Aliens, 51 American Law Review (1917), S. 381 f.

[16] Vgl. Harvard Law School Draft Convention on Extradition, Introductory Comment, in: AJIL Bd. 29 (1935), Suppl., S. 45.

[17] Harvard Law School Draft Convention on Extradition, ibid., S. 45: "In the United States and Great Britain the broader and less well defined idea of right of asylum, which so long prevented legislation in the United States restricting immigration, inquestionably played an important part in delaying the participation in treaties for extradition." Vgl. *Moore*, Extradition Bd. 1 (1891), § 8, S. 12: "... even where treaties of extradition existed, the prejudice against surrender was formerly so great as often effectually to obstruct their execution. The treaty between France and Great Britain of February 13, 1843, was never executed ..."

I. Gegenüberstellung beider Institute

folgten daraus nur abgeleitete Rechte zubilligen"[18]. Insofern haben sich infolge der immer stärker sichtbar werdenden politischen, sozialen und wirtschaftlichen Verflechtung der Staaten aber so erhebliche Veränderungen ergeben, daß es gerechtfertigt erscheint, mit *Schultz* von einem Übergangszustand zu sprechen, der noch offen läßt, ob er zu *einer* Welt führen wird oder zu mehreren nebeneinander bestehenden kontinentalen Blöcken mit verstärktem Souveränitätsdenken oder gar zu einer erneuten Abkapselung einzelner Staaten[19]. Dies und der zunehmende Schutz des Individuums im Völkerrecht sind entwicklungsgeschichtliche Gesichtspunkte, die bei der Abgrenzung von Auslieferung und Ausweisung besondere Beachtung verdienen.

2. Rechtssystematische Einordnung beider Institute

Der Umstand, daß sowohl der ausgewiesene als auch der auszuliefernde Ausländer das Gebiet des Aufenthaltsstaates *verlassen* müssen, begünstigt eine häufig anzutreffende Vermengung von Auslieferung und Ausweisung[20]. Eine nur an der Entfernung des Ausländers aus dem Aufenthaltsstaat orientierte Sicht würde den erheblichen Unterschieden beider Institute, die sich schon aus ihrer verschiedenen rechtssystematischen Ansiedlung ergeben, jedoch nicht gerecht.

Zunächst ist festzustellen, daß Auslieferung und Ausweisung ihren Platz im *Völkerrecht* haben. Für die *Auslieferung* war dies, jedenfalls in formeller Hinsicht[21], nie bestritten. Darauf ausgerichtet, staatliche Rechtsansprüche über die Staatsgrenzen hinaus zu verwirklichen, vollzieht sie sich im Wege zwischenstaatlichen Zusammenwirkens nach den Regeln des Völkerrechts. Als Institut des völkerrechtlich geordneten Verkehrs zwischen Staaten[22] gehört sie zum Bereich der auswärtigen Beziehungen[23].

---

[18] *Schultz*, Aktuelle Probleme des Auslieferungsrechts, in: ZStW 1969, S. 199.

[19] *Schultz*, ibid., S. 200.

[20] Vgl. *Cavaré*, Le droit international public positif (1961), S. 284; *de Boeck*, L'expulsion et les difficultés internationales qu'en soulève la practique, Rec. des Cours 1927 III, Bd. 18, S. 443 ff. (448); *Fleischmann*, „Ausweisung", in: WVR Bd. 1 (1924), S. 334 ff.; *von Frisch*, Das Fremdenrecht (1910), S. 186.

[21] Wegen der auf der verfassungsmäßigen Kompetenzverteilung zwischen Reich bzw. Bund und Ländern beruhenden Streitfrage der Zuordnung des Auslieferungswesens in Deutschland siehe *Meyer*, Die Einlieferung (1953), S. 151 ff. und unten Anm. 23.

[22] Vgl. *Morales Trinidad*, Expulsión de extranjeros y extradición (Mexiko 1966), S. 54.

[23] So schon preußisches OVG. U. v. 22. 12. 1911, OVGE Bd. 60, S. 292; *Mettgenberg*, Gegenwärtiger Stand und künftige Ausgestaltung des Auslieferungsrechts, Verhandlungen des 34. Dt. Juristentags Bd. 1 (1926), S. 30 ff. (37). Auf die wegen der verfassungsmäßigen Zuständigkeitsregelung auf dem

Für die *Ausweisung* dagegen war die Zugehörigkeit zum Völkerrecht noch auf der Hamburger Tagung des *Institut de Droit International* vom Jahre 1891 heftig umstritten, wurde aber schließlich bejaht[24]. Schon auf seiner folgenden Tagung stellte das Institut einen Katalog im Völkerrecht allgemein anerkannter Prinzipien des Ausweisungsrechts auf[25].

Im Rahmen des Völkerrechts gehören Ausweisung und Auslieferung zum Bereich des *Fremdenrechts,* soweit es sich mit der Frage befaßt, ob dem Fremden der Aufenthalt im Lande gewährt werden soll oder nicht[26]. Damit ist der Blick auf die neueren Tendenzen der Entwicklung des Fremdenrechts gelenkt, für die kennzeichnend ist „die Zunahme subjektiver Rechte des Individuums, die Erstarkung allgemeiner Menschenrechte und Grundrechte, der politische und wirtschaftliche Zusammenschluß von Staatengruppen, die geographische Verschiebung des Nationalismus, die Tendenz zur liberalen Interpretation völkerrechtlicher Verträge im Sinne des Individualschutzes, die Mitwirkung neu entstehender, nicht dem abendländischen Kulturkreis angehörender Staaten"[27].

Das Vordringen des *Individualschutzgedankens* im Fremdenrecht läßt auch die ursprünglich vom Souveränitätsbewußtsein und Unabhängigkeitsbestreben der Staaten diktierten Schwerfälligkeiten und Garantien des Auslieferungsverfahrens, auf die noch im einzelnen einzugehen ist[28],

---

Gebiete des Auslieferungswesens in Deutschland seit langem umstrittene Frage braucht hier nicht näher eingegangen zu werden. Siehe hierzu schon die Stellungnahme der Bayerischen Regierung zu einer Aufzeichnung des Reichsjustizministeriums, abgedruckt bei *Mettgenberg-Doerner*, DAG, S. 596 ff., wo jedenfalls die Regelung der Form des Auslieferungsverkehrs, Abgabe und Entgegennahme von Gegenseitigkeitserklärungen, Vertragsverhandlungen und Abschluß von Verträgen dem Völkerrecht zugeordnet werden.

[24] *Institut de Droit International,* 8. Commission d'Etudes, Session de Hambourg 1891, Annuaire, éd. nouvelle, Bd. 2, S. 1015 (1016): „Après une assez longue discussion, l'assemblée se prononça, à une forte majorité, pour l'affirmative. On trouva généralement que, si chaque Etat doit être libre de pouvoir à sa sécurité intérieure ou extérieure en refusant l'accès ou l'usage de son territoire à des ètrangers dont le séjour compromet cette sécurité, il a, d'un autre côté, des lois d'humanité à respecter et des relations de bon voisinage à entretenir, et que, à ce point de vue, la matière relève éminemment du droit international."

[25] Annuaire, éd. nouvelle, Bd. 3, S. 125 ff., 219 ff.

[26] *Fraustädter*, DAG (1930), S. 20, legt *Isays* Definition für Fremdenrecht (Das deutsche Fremdenrecht [1923], S. 1 ff.) zugrunde und stellt fest, daß — da die Auslieferung Deutscher unzulässig ist —, der gesamte Auslieferungsteil des Auslieferungsgesetzes „echtes Fremdenrecht" enthalte. Die Tatsache, daß einige Staaten die Auslieferung eigener Staatsangehöriger zulassen, steht dieser grundsätzlichen Einordnung auch hinsichtlich der Auslieferung nicht entgegen.

[27] *Doehring*, Die allgemeinen Regeln des völkerrechtlichen Fremdenrechts (1963), S. 118.

[28] Hierzu unten D. I.—IV.

I. Gegenüberstellung beider Institute

in einem anderen Lichte erscheinen. Darf der Staat in seinem Gebiet weilende Ausländer nicht unter Außerachtlassung des fremdenrechtlich gebotenen Individualschutzes außer Landes schaffen und der Verfolgung in anderen Staaten preisgeben, so wird er zu seiner eigenen Entlastung von völkerrechtlicher Verantwortlichkeit darauf bedacht sein, Auslieferung und Ausweisung schon im innerstaatlichen Recht an entsprechende Voraussetzungen zu binden.

Trotz der beiden Instituten gemeinsamen Verknüpfung mit dem völkerrechtlichen Fremdenrecht haben Auslieferung und Ausweisung aber doch einen sehr verschiedenen rechtssystematischen Standort. Die *Auslieferung* ist nach heute einhelliger Auffassung als ein Akt im Rahmen der internationalen *Rechtshilfe* zu qualifizieren[29]. Im Gegensatz zur *gestatteten Nacheile*, die dem verfolgenden Staat selbst das Recht gibt, im Gebiet eines anderen Staates hoheitlich tätig zu werden[30], handelt bei der Auslieferung der Staat, in dessen Gebiet der Verfolgte sich aufhält, im Rahmen seiner Jurisdiktionsgewalt zugunsten des um Auslieferung ersuchenden Staates[31].

Begrifflich ist die Auslieferung aufzufassen als die amtliche Überstellung eines Verfolgten aus der Strafgewalt des Aufenthaltsstaates in

---

[29] In der neueren Literatur statt vieler *Dahm*, Völkerrecht I (1958), S. 531; *Guggenheim*, Lehrbuch des Völkerrechts I (1948), S. 323. Für die ältere Literatur siehe *von Bar*, Internationales Privat-, Straf- und Verwaltungsrecht mit Einschluß des Zivilprozeß- und Strafprozeßrechtes, in: Enzyklopädie der Rechtswissenschaft, hrsg. von Holtzendorff-Kohler Bd. 2 (1914), S. 22 ff. (276); *von Conta*, Die Ausweisung aus dem Deutschen Reich und aus dem Staat und der Gemeinde in Preußen (1904), S. 101; *Liszt-Fleischmann*, Das Völkerrecht (1925), S. 353; *Lohmann*, Die Grund- oder Freiheitsrechte der Ausländer (1913), S. 33; Harvard Law School, Draft Convention on Extradition, AJIL Bd. 29 (1935), Suppl., S. 195, jeweils mit weiteren Nachweisen.

[30] Hierzu *Kimminich*, Der Internationale Rechtsstatus des Flüchtlings (1962), S. 53. Interessant sind insofern Bestimmungen wie die im *deutsch-belgischen* Abkommen über die Errichtung gemeinsamer Grenzabfertigungsstellen (BGBl. 1958 II, S. 191), durch die den ausländischen Bediensteten das Recht eingeräumt wird, in einer bestimmten, auf deutschem Gebiet gelegenen Zone Personen mit Ausnahme Deutscher festzunehmen, die den Vorschriften über den Grenzübertritt zuwiderhandeln oder die — was hier noch wichtiger erscheint — von den zuständigen belgischen Behörden gesucht werden. Hierzu der Berichterstatter des Rechtsausschusses des Bundesrates am 28. 3. 1958, 191. Sitzung, S. 103 (B, C).

[31] Vgl. *Cavaré*, Le droit international public positif (1961), S. 284; *Dahm*, Völkerrecht I (1958), S. 276; *Kimminich*, Bonner Kommentar, Art. 16 Rdnr. 53. Siehe hierzu auch *Vogler*, Auslieferungsrecht und Grundgesetz, S. 44: „Die Unterscheidung zwischen originärem und abgeleitetem Rechtserwerb ist geeignet, den Unterschied zwischen der Ausweisung und der Auslieferung zu verdeutlichen. Die abgeleitete Rechtsstellung vermag auch die Beschränkungen zu erklären, denen der ersuchende Staat infolge der Auslieferung nach allgemeinem Völkerrecht unterliegt. Wenn auch die Einzelheiten zusätzlichen vertraglichen Abmachungen vorbehalten bleiben müssen, die Spezialitätswirkung als solche ist der Auslieferung immanent."

die eines anderen Staates zum Zwecke der Strafverfolgung oder Strafvollstreckung[32]. Daß der Verfolgte sich durch Flucht dem Zugriff des Verfolgerstaates entzogen habe, ist dabei nicht unbedingt vorausgesetzt. Auch wenn er die der Verfolgung zugrunde liegenden Taten vom Aufenthaltsstaat aus begangen hat oder wenn er zwangsweise dorthin verbracht worden ist, kommt eine Auslieferung in Betracht[33].

Das Bedürfnis nach einer Auslieferung zur Strafverfolgung oder Strafvollstreckung beruht auf der Notwendigkeit internationaler Zusammenarbeit der Staaten bei der Bekämpfung des Verbrechens, die den einzelnen Staaten Anlaß geben muß, im Ausland begangene Taten entweder selbst zu verfolgen[34] oder den Täter an den Tatortstaat auszuliefern[35]. Dabei geschieht die Auslieferung nicht zur Verfolgung *eigener*, sondern als Mitwirkung bei der Verfolgung *fremder* Strafansprüche[36].

Diese Unterscheidung ist nicht unerheblich: Denn während eine kosmopolitische *Rechtspflege*[37] die zwischen souveränen Staaten bestehenden Schranken niederreißt und überspringt, setzt die internationale *Rechtshilfe* traditionellen Stils diese Schranken gerade voraus[38]. Das *klassische* Auslieferungsrecht ist verknüpft mit einer be-

---

[32] Vgl. *Guggenheim*, Völkerrecht I (1948), S. 323; *Grützner*, „Auslieferung", in: WVR Bd. 1 (1960), S. 115; siehe auch die Zusammenstellung von *Begriffsbestimmungen* in: Harvard Law School, Draft Convention on Extradition, AJIL Bd. 29 (1935), Suppl., S. 66 f. Neuerdings *Schultz*, Aktuelle Probleme der Auslieferung, in: ZStW Bd. 81 (1969), S. 199 ff. (202); UN-Wirtschafts- und Sozialrat, Menschenrechtskommission, Study as regards the arrest, extradition and punishment of persons responsible for war crimes, E/CN. 4/983 v. 13. 1. 1969, S. 40.

[33] Vgl. *Dahm*, Völkerrecht I (1958), S. 276 unter Hinweis auf RGSt 33, S. 99 und den englischen Fall The King v. Godfrey, [1923] 1 K.B. 24, in dem der wegen Betrugs an die Schweiz Ausgelieferte die fraglichen Taten von England aus begangen hatte.

[34] Von besonderem Interesse ist in dieser Hinsicht die im Rahmen des Europarats ausgearbeitete European Convention on the Transfer of Proceedings in Criminal Matters, abgedruckt in: International Legal Materials, Bd. XI (1972) Nr. 4, S. 709 ff. Bis zum 10. Juli 1972 hatten Dänemark, Luxemburg, die Niederlande und Schweden die Konvention unterzeichnet.

[35] BVerfGE 4, S. 299.

[36] Wobei die Auslieferung gegenüber der Bestrafung durch Gerichte des Aufenthaltsstaates subsidiärer Natur ist, vgl. *Dahm*, Völkerrecht I (1958), S. 291.

[37] Als Akt der internationalen *Rechtspflege* wurde die Auslieferung qualifiziert von *Lammasch*, Auslieferungspflicht und Asylrecht (1887), S. 36 ff.; *von Frisch*, Das Fremdenrecht (1910), S. 186; Stellungnahme der Bayerischen Regierung zur Aufzeichnung des Reichsjustizministeriums über die verfassungsmäßige Zuständigkeitsregelung auf dem Gebiet des Auslieferungswesens, abgedruckt bei *Mettgenberg-Doerner*, DAG, S. 596 ff. (599). Dagegen *Dahm*, Völkerrecht I (1958), S. 276.

[38] *Liszt-Fleischmann*, Das Völkerrecht (1925), S. 357; *Liszt*, Sind gleiche Grundsätze des internationalen Strafrechts für die europäischen Staaten

stimmten Struktur der zwischenstaatlichen Beziehungen[39]. Den materiellen und verfahrensmäßigen Garantien des Auslieferungsrechts wohnt zugleich ein gewisses Mißtrauen gegen die Strafjustiz des ersuchenden Staates inne[40]. Je enger dagegen die Verbindungen und Abhängigkeiten oder sogar eine politische und juristische Gemeinschaft zwischen Staaten sind, desto weiter gehen die Vereinfachungen im Rechtshilfeverkehr dieser Staaten, bis hin zum Verschwinden der klassischen Auslieferung und ihre Ersetzung durch andere, einfachere Formen der Rechtshilfe[41].

Die *Berechtigung des Aufenthaltsstaates*, den Verfolgten einer so einschneidenden Maßnahme, wie die Auslieferung sie darstellt, zu unterwerfen, ist im Verhältnis zwischen Zufluchtsstaat und Verfolgten unabhängig von dem eigenen Interesse des Aufenthaltsstaates an der Auslieferung zu prüfen. Der Umstand, daß der Zufluchtsstaat durch die Auslieferung der Wahrung der Rechtsordnung im allgemeinen dient und die Verbrechensbekämpfung unterstützt, daß er damit eine begründete Erwartung oder sogar einen Anspruch auf Gegenseitigkeit erwirbt, vermag allein ein Recht des Aufenthaltsstaates zur Auslieferung gegenüber dem Verfolgten nicht zu begründen[42]. Anerkanntermaßen liegt der Rechtsgrund der Berechtigung des Aufenthaltsstaates zur Auslieferung in seiner Gebietshoheit, sie ist ein „aus dem *Selbstbestimmungsrecht* des Staates sich herleitender Vorgang"[43].

Auf denselben Grund läßt sich auch das Recht der Staaten zur Fremden*ausweisung* zurückführen. Auszugehen ist von dem fremdenrechtlichen Grundsatz, daß ein Ausländer keinen Anspruch auf Aufenthalt im fremden Staatsgebiet hat[44]. Das Ausweisungsrecht gegen-

---

anzustreben?, in: Verhandlungen des 16. Dt. Juristentages, 1882, Bd. I, S. 3 ff. (13).

[39] Daß eine Auslieferung überhaupt nur im Verhältnis von souveränen Staaten in Betracht kommt, verdeutlichen die Beispiele bei *Cardozo*, When Extradition Fails, is Abduction the Solution?, in: AJIL Bd. 55 (1962), S. 127 ff. (133); siehe auch *Evans*, Acquisition of Custody over the International Fugitive Offender-Alternatives to Extradition: A Survey of United States Practice, in: BYIL Bd. XL (1964), S. 77 ff. (88).

[40] Vgl. z. B. *Rogerson*, Deportation, in: Public Law, 1963, S. 304 ff. (328).

[41] Siehe hierzu die sehr aufschlußreichen Beispiele aus dem Bereich der Beziehungen Frankreichs zu seinen unabhängig gewordenen Kolonien bei *Decocq*, La livraison des délinquants en dehors du droit commun de l'extradition, in: Rev. critique de droit international privé, Bd. 53 (1964), S. 411 ff. (418 Anm. 1, 438 f.).

[42] *Schultz*, Schweizerisches Auslieferungsrecht, S. 20 ff. Für die USA siehe z. B. Valentine v. U. S. ex rel. Neidecker (1936), 299 US 5 (9, 18).

[43] So schon die Botschaft des schweizerischen Bundesrates v. 9. 6. 1890 zum Auslieferungsgesetz, BBl. 1890 III, S. 327.

[44] Vgl. *Jellinek*, Die Bundesverweisung, in: Festschrift für Bilfinger, S. 109/111; BVerwGE 3, 235; OVG Münster, in: NJW 1954, 1821 f.; OVG Münster,

über Ausländern, die eine Gefahr für die öffentliche Ordnung des Aufenthaltsstaates bedeuten, ist als ein auf dem Völkerrecht selbst beruhendes, aus dem Grundsatz der Selbsterhaltung des Staates folgendes Recht allgemein anerkannt[45]. Es steht jeder souveränen Nation zu und stellt eine wesentliche Voraussetzung für ihre Sicherheit, Unabhängigkeit und ihr Wohl dar[46].

3. Zweiseitigkeit der Auslieferung — Einseitigkeit der Ausweisung

Aus der Zuordnung der *Auslieferung* in den Bereich der internationalen *Rechtshilfe* und der *Ausweisung* zum innerstaatlichen *Polizeirecht* folgt ein weiteres Unterscheidungsmerkmal, auf das bei der Gegenüberstellung beider Institute auch regelmäßig hingewiesen wird[47].

Die *Ausweisung* ist ein *einseitiger* Hoheitsakt des Aufenthaltsstaates und erfordert kein Zusammenwirken mit dem Bestimmungsland[48]. Zwar wird der ausweisende Staat für die Zwecke der Durchsetzung des Ausreisebefehls häufig mit dem Bestimmungsland eine Vereinbarung über die Übernahme des Ausgewiesenen treffen[49], doch liegt dies nicht im Wesen der Ausweisung.

Dagegen ist die *Auslieferung* wesensmäßig bedingt durch das *Zusammenwirken* von Verfolgerstaat und Aufenthaltsstaat[50]. "*Expulsion results from a unilateral decision of the State of residence or stay of the alien...extradition from a bilateral arrangement between two interested States...*[51]" Charakteristisch für die Auslieferung ist der

---

in: NJW 1968, 1588; VGH Stuttgart, in: DÖV 1954, 223; 1956, 381; vgl. auch High Court of Kenya vom 24.4.1951, Abdon v. Attorney General of Kenya, International Law Reports 1951, Case Nr. 80, S. 282.

[45] OVG Münster, U. v. 29.10.1963, OVGE 19, S. 125 ff. (129); *Berber*, Völkerrecht I (1960), S. 384 f.; *Férand-Giraud*, Projet de réglementation de l'expulsion des étrangers, Institut de Droit International, 8. Studienkommission, Hamburger Tagung 1891, Annuaire, éd. nouvelle Bd. 2, S. 1017 (1018).

[46] *von Bar*, Rapport, Institut de Droit International, 8. Studienkommission, Hamburger Tagung 1891, Annuaire, éd. nouvelle Bd. 2, S. 1036 ff. (1041); *Fleischmann*, „Ausweisung", in: WVR Bd. 1 (1924), S. 334 ff.; *Hackworth*, Digest of International Law, Bd. III (1942), S. 691 ff.; *Hyde*, International Law, Bd. 2 (1947), S. 1013; *Dahm*, Völkerrecht I (1958), S. 531; *Berber*, Völkerrecht I (1960), S. 385; *Cavaré*, Le droit international public positif (1961), S. 284; *Bolesta-Koziebrodzki*, Le droit d'asile (1962), S. 179.

[47] So schon in der älteren Literatur *von Conta*, Die Ausweisung aus dem Deutschen Reich (1904), S. 101; *Martini*, L'expulsion des étrangers (1909); *Creydt*, El derecho de expulsión (1927), S. 34 Anm. 2, jeweils mit Nachweisen.

[48] Vgl. UN-Study on Expulsion of Immigrants, ST/SOA/22, New York 1955, S. 1 f.; Schweizerischer Bundesrat, in: BBl. 1920 II, S. 76; *Schultz*, Schweizerisches Auslieferungsrecht (1953), S. 27.

[49] Hierzu unten C. II. 3.

[50] Vgl. z. B. *Guggenheim*, Völkerrecht I (1948), S. 321.

[51] UN-Study on Expulsion of Immigrants, 1955—ST/SOA/22, S. 1; *Morales*

zweiseitige Akt der Übergabe[52] des Verfolgten an eine fremde Behörde, die im Zufluchtsstaat keine Hoheitsrechte ausüben kann[53].

Gelegentlich wird zur Qualifizierung eines Vorgangs als *Auslieferung* in erster Linie auf das *Ersuchen* des Verfolgerstaates abgestellt, während die *Ausweisung* von den Wünschen oder Anträgen ausländischer Regierungen unabhängig ist[54]. Hierbei ginge es jedoch zu weit, das Ersuchen als konstruktives Merkmal zur Qualifizierung eines Vorgangs als Auslieferung anzusehen[55]. Wenn demnach auch ein förmliches Ersuchen nicht in jedem Auslieferungsfalle vorzuliegen braucht, so darf sich der Verfolgerstaat doch nicht völlig inaktiv verhalten haben, sondern muß auf irgendeine Weise dem Zufluchtsstaat gegenüber seine Absicht manifestiert haben, des Verfolgten zum Zwecke der Strafverfolgung oder Strafvollstreckung habhaft zu werden. Eine weitergehende Aussage läßt sich angesichts des uneinheitlichen Bildes der Auslieferungsregelungen in den verschiedenen Staaten nicht machen[56].

Auf eine einfache Formel gebracht läßt sich der erwähnte Gegensatz zwischen Auslieferung und Ausweisung folgendermaßen beschrei-

---

Trinidad, Expulsión de extranjeros y extradición (Mexiko 1966), S. 49: „... la expulsión no encontramos más que un Estado haciendo uso de su soberaniá, la extradición no se puede dar sin la intervención de dos Estados"; *van der Heijden*, De uitlevering als volkenrechtelijk probleem (1954), S. 8.

[52] Zur Bedeutung der amtlichen *Übergabe* siehe *Vogler*, Auslieferungsrecht und Grundgesetz, S. 242 f. und S. 44 Anm. 74: „Nur die amtliche Übergabe vermag die Wirkungen der Auslieferung auszulösen; gelangt der Verfolgte auf andere Weise in den fremden Hoheitsbereich, dann liegt keine Auslieferung vor ..."

[53] Darauf wurde abgehoben, als im Zuge der Beratung der Bonner Verträge vom 26. 5. 1952 die Frage aufkam, ob es gegen das Verbot der Auslieferung Deutscher nach Art. 16 Abs. 2 S. 1 GG verstoße, in den amerikanischen Streitkräften dienende, in Deutschland stationierte Deutsche von amerikanischen Militärgerichtsbehörden festnehmen zu lassen. Unter der Voraussetzung, daß deutsche Stellen an ihrer Festnahme mitwirkten, wurde dies wegen Fehlens des für die Auslieferung charakteristischen Aktes der Übergabe des Täters an eine Behörde, die in der Bundesrepublik keine Hoheitsrechte ausüben kann, verneint, BT-Drs. 1. Wahlperiode, 3900, S. 122.

[54] Vgl. *Hyde*, International Law Bd. II (1947), S. 1013; *Kimminich*, in: Bonner Kommentar zu Art. 16 GG Rdnr. 57; *Vogler*, Aktuelle Probleme der Auslieferung, in: ZStW Bd. 81 (1969), S. 153 ff. (164 f.).

[55] Vgl. *Schultz*, Aktuelle Probleme der Auslieferung, in: ZStW Bd. 81 (1969), S. 205.

[56] Vgl. *Schultz*, Aktuelle Probleme des Auslieferungsrechts, in: ZStW Bd. 81 (1969), S. 199 ff. (205): „Daß eine *Auslieferung nur* dann vorliegt, *wenn* die Rechtshilfe auf *Ersuchen* des verfolgenden Staates geleistet wurde, wird gelegentlich durch gesetzliche Vorschrift ausdrücklich verlangt (— so durch Art. 379 Abs. 1, 3 StrPO der Tschechoslowakei), von anderen Gesetzen jedoch ausdrücklich (z. B. österreichisches StrG § 39; Codice Penale Italiens Art. 13 Abs. 3) oder unausgesprochen (BG betr. die Auslieferung gegenüber dem Auslande v. 22. 1. 1892, Art. 20; Schweiz. StGB Art. 5 Ziff. 1 S. 1) abgelehnt." Siehe auch *Grützner*, Auslieferungsverkehr 1965, S. 15 l. Sp.

ben: Die Ausweisung erfolgt in *Ausübung* eines Rechts des ausweisenden Staates, die Auslieferung hingegen zur *Erfüllung* der Forderung eines fremden Staates[57]. Dies darf jedoch nicht so aufgefaßt werden, als ob die Auslieferung immer eine völkerrechtliche *Verpflichtung* des ausliefernden Staates erfülle. Zwar vertrat *Grotius* die Auffassung, daß der Zufluchtsstaat verpflichtet sei, den flüchtigen Verbrecher auszuliefern oder zu bestrafen: „*aut punire aut dedere*[58]." Dieser Standpunkt hat sich, wie bereits erwähnt, in der Staatenpraxis jedoch *nicht* durchgesetzt[59]. Eine *Pflicht zur Auslieferung* kann sich regelmäßig *nur* auf Grund eines *Vertrages* ergeben.

Ein Satz des *Völkergewohnheitsrechts*, wonach der Zufluchtsstaat zur Auslieferung eines strafrechtlich Verfolgten verpflichtet wäre, besteht *nicht*[60]: „Die zwischenstaatlichen Verträge und Vereinbarungen sind nicht der Niederschlag völkerrechtlicher Auslieferungsverpflichtungen und -rechte. Trotz weitgehender internationaler Angleichung der auslieferungsrechtlichen Grundsätze gibt es keine völkerrechtlich anerkannte Pflicht zur Auslieferung[61]."

Ebenso wie die *außervertragliche* Auslieferung ist nach allgemeinem Völkerrecht auch die Ausweisung *fakultativer* Natur. Sie erscheint als eine dem Staat zustehende Befugnis, deren Ausübung unter staatsrechtliche Schranken gestellt ist[62]. Nur ganz vereinzelt und lediglich für gewisse Ausnahmefälle wird eine Pflicht zur Ausweisung angenommen[63]. So kann nach *Wengler* die Ausweisung vertraglich *geboten* sein[64].

---

[57] Vgl. *Schwarz*, Die Ausweisung von Ausländern aus dem Deutschen Reich und aus Preußen (1933), S. 7.
[58] *Grotius*, De jure Belli ac Pacis (The Classics of International Law, 1925), Bd. II, Buch II, Kapitel 21, § 4. In neuerer Zeit hat der Grundsatz z. B. in Art. 129 Abs. 2 des Genfer Abkommens über die Behandlung der Kriegsgefangenen v. 12. 8. 1949 (BGBl. 1954 II, S. 781 ff.) Eingang gefunden.
[59] Vgl. UN-Menschenrechtskommission, Study as regards ensuring the arrest, extradition and punishment of persons responsible for war crimes, E/CN. 4/983, S. 40 f.
[60] Vgl. *Verdroß*, Völkerrecht (1964), S. 646; *Fenwick*, International Law (1948), S. 330; *Hall* und *Higgins*, A Treatise on International Law (1924), S. 68 f.; US v. *Rauscher* (1886) 119 U.S. S. 407; Factor v. *Laubenheimer*, 54 S.Ct. 191 (1933), abgedruckt in ZaöRV Bd. 4 (1934), S. 686; BGHSt 3, 392 (Fall *Lestrel*).
[61] *Grützner*, „Auslieferung", in: WVR Bd. 1, S. 116; vgl. *Dahm*, Völkerrecht I (1958), S. 279; *Green*, Report of the Committee on the legal aspects of the problems of asylum, ILA, Tokyo Conference (1964), Konferenzdokument, S. 14; *Vogler*, Auslieferungsrecht und Grundgesetz, S. 45.
[62] *von Martitz*, Internationale Rechtshilfe in Strafsachen, Bd. 2 (1897), S. 632, 648; *von Conta*, Die Ausweisung aus dem Deutschen Reich (1904), S. 101, 187; *Guggenheim*, Völkerrecht I (1948), S. 321.
[63] Vgl. statt vieler *Guggenheim*, Völkerrecht I (1948), S. 321.
[64] *Wengler*, Völkerrecht II (1964), S. 1127.

Lapradelle und *Niboyet* verweisen auf den Fall, daß mit Rücksicht auf das völkerrechtliche Einmischungsverbot das staatliche Ermessen in der Frage der Entfernung von Ausländern sich zu einer *Pflicht* verdichten könne[65].

Mit gewissen Vorbehalten zugunsten einer stärkeren Beachtung der *Menschenrechte* gelten für diesen Bereich des allgemeinen völkerrechtlichen Fremdenrechts noch heute die Ausführungen von *von Martitz*[66]:

„Eine Rechtspflicht, gerichtlich verfolgten Personen in allen Fällen, wo der Auslieferungszwang versagt, den ferneren Aufenthalt im Lande auf Antrag einer fremden Regierung zu verwehren, wäre nur dann vorhanden, wenn dieser Aufenthalt an sich als eine Gefahr für die befreundete Macht substanziiert werden würde. Die Regierungen pflegen insofern die hinsichtlich der Strafrechtspflege ihnen erwachsenden Aufgaben auf Auslieferung und andere Rechtshilfeakte zu beschränken. Nur ausnahmsweise begegnen noch Konventionen mit Verpflichtung der Vertragspartner, den Gerichtsflüchtigen aus dem Staatsgebiet zu entfernen. Ob ein Staat, hinausgehend über das Maß der nach allgemeinen Grundsätzen für die Gewährung von Asylschutz ihn treffenden völkerrechtlichen Verantwortlichkeit, die Interessen fremder Strafjustiz auch durch polizeiliche Geltendmachung seiner Gebietshoheit zu fördern hat, gilt heute als Sache seiner freien Entschließung, die ihre Direktiven lediglich politischen Erwägungen entnimmt."

4. Funktion von Auslieferung und Ausweisung — Die Interessenlage unter den Beteiligten

Zweck der *Ausweisung* ist die Beseitigung einer dem Aufenthaltsstaat von einem Ausländer oder allein schon von dessen Anwesenheit drohenden Gefahr[67]. Dagegen bezweckt die *Auslieferung* die Ermöglichung der Bestrafung eines flüchtigen Rechtsbrechers durch einen anderen Staat[68].

Dementsprechend stellte das *Reichsgericht* fest, daß nicht jede Übergabe einer Person durch eine Regierung an die Organe der Regierung eines fremden Staates eine Auslieferung darstelle. Eine Auslieferung liege vielmehr nur dann vor, wenn die Übergabe der gesuchten Person den Zweck verfolge, ein in dem anderen Staate gegen den Verfolgten

---

[65] *Lapradelle-Niboyet*, Répertoire de Droit International, Bd. VIII (1930), S. 31 Nr. 180.

[66] *von Martitz*, Internationale Rechtshilfe in Strafsachen, Bd. 2 (1897), S. 633.

[67] Vgl. *Moore*, Extradition, Bd. 1 (1891), §§ 3, 4, S. 7 ff.: "... expulsion in the main conserves only the interests of the state to which the criminal flees. In extradition alone is found a complete remedy for the evils in which it has its justification."
Ebenso *von Martitz*, Internationale Rechtshilfe in Strafsachen, Bd. 2 (1897), S. 632.

[68] Vgl. *von Frisch*, Das Fremdenrecht (1910), S. 186.

schwebendes Strafverfahren oder die Vollstreckung einer bereits verhängten Strafe zu fördern. „Diese Zweckbestimmung ist es, die das Wesen der Auslieferung ausmacht[69]."

Mag die Beschränkung der Auslieferung auf den strafrechtlichen Bereich auch bestritten sein, so ist doch allgemein anerkannt, daß ihre Funktion in der Förderung eines *ausländischen* Verfahrens liegt. *Daneben* kann die Auslieferung auch zur Befreiung des Aufenthaltsstaates von einem lästigen Ausländer führen und so zugleich im Interesse des ausliefernden Staates liegen[70].

Auf diese *Doppelspurigkeit* des Auslieferungsinteresses ist wiederholt hingewiesen worden[71]. In einer Resolution des *Institut de Droit International* vom Jahre 1880 heißt es in diesem Zusammenhang: „L'extradition est un acte international conforme à la justice et à l'interêt des Etats, puisqu'il tend à prévenir et à réprimer efficacement les infractions à la loi pénale[72]."

Die Besorgnis des Aufenthaltsstaates, ein Tummelplatz für flüchtige Verbrecher zu werden, ist häufig zur Begründung des Interesses des ersuchten Staates an der Auslieferung angeführt worden[73]. „Toute nation... même sans réciprocité, est interessée à livrer les criminels, qui ont trouvé un refuge sur son territoire, car cette mesure est bien plus efficace q'un simple expulsion...[74]."

Die *Ausweisung* ist für die Zwecke der internationalen Rechtshilfe *nicht* geeignet[75]. Während durch die Auslieferung eines Verfolgten

---

[69] RGSt Bd. 65, S. 374 zitiert nach *Bruns*, Rechtsprechung in Auslieferungssachen seit Erlaß des DAG v. 23. 12. 1929, in: ZaöRV Bd. 5 (1935), S. 721 (722). *Vogler*, Auslieferungsrecht und Grundgesetz, S. 44: es „folgt aus der Zweckbestimmung der Auslieferung, daß die Übergabe ausschließlich dazu dient, dem ersuchenden Staat Strafbefugnis über den Verfolgten einzuräumen".

[70] Vgl. *Schultz*, Das schweizerische Auslieferungsrecht, S. 27. Andererseits ist die Auslieferung zu Zeiten auch aus eigennützigen Interessen der Staaten verweigert worden, indem z. B. bevölkerungsarme Staaten sich zur Förderung der Einwanderung und zur Erhaltung ihres Bevölkerungsstandes auf das Asylrecht berufen haben, vgl. die Hinweise in: Harvard Law School, Draft Convention on Extradition, AJIL Bd. 29 (1935), Suppl., S. 42 ff.

[71] Siehe z. B. *Biron* und *Chalmers*, The Law and Practice of Extradition (1903), S. 1.

[72] *Institut de Droit International*, Session d'Oxford 1880, Resolution v. 9. 9. 1880 (Extradition), éd. nouvelle Bd. 1, S. 732. Vgl. auch *Lammasch*, Auslieferungspflicht und Asylrecht (1887), S. 34; *Billot*, Traité de l'Extradition (1874), § 3, S. 11.

[73] *Pigott*, Extradition (1910), S. 16; *Biron* und *Chalmers*, The Law and Practice of Extradition (1903), S. 1.

[74] *Aubin*, L'Extradition et le Droit Extraditionnel (1913), Bd. I, S. 39.

[75] Harvard Law School, Draft Convention on Extradition, AJIL Bd. 29 (1935), Suppl., S. 38; vgl. *Moore*, Extradition (1891) I §§ 3 und 4, S. 7 ff.: "Another measure which has been suggested as a substitute for extradition

Rechtshilfe zur Förderung eines *ausländischen* Strafverfahrens geleistet wird, will der Aufenthaltsstaat mit der Ausweisung eines Ausländers ausschließlich unmittelbar *eigene* Interessen verfolgen[76].

Den Interessen des betroffenen *Individuums* wird bei der Frage der Abgrenzung von Auslieferung und Ausweisung *kein* besonderes Gewicht beigemessen[77]. Wie sehr gerade im Auslieferungsrecht die geltenden Normen den Schutz der Staaten und *nicht* der Individuen bezwecken, zeigt sich daran, daß ihr Wandel, der bis zur radikalen Verkehrung der Grundsätze führen kann, vorwiegend durch Staatsinteressen beeinflußt war und nur selten durch Individualinteressen[78]. Für den Bereich des Fremdenpolizeirechts gilt dies umso mehr, als der Aufenthaltsstaat bei der Ausweisung im Unterschied zur Auslieferung nicht die durch die dem ersuchenden Staat zu leistende Rechtshilfe bedingten Abstriche an seinen Hoheitsrechten im Auge hat, sondern die Fortschaffung des ihm lästigen Ausländers in seinem ureigensten Interesse betreibt. Diese *unterschiedliche Interessenlage* bestimmt weitgehend die Beurteilung des Verhältnisses von Auslieferung und Ausweisung im Bereich des Völkerrechts wie auch des innerstaatlichen Rechts.

5. Materielle Unterscheidung beider Institute und Begriffsbestimmung

Auf der Grundlage der vorangehenden Gegenüberstellung[79] beider Institute sollen *Abgrenzungskriterien* gefunden werden, die es erlauben, eine Maßnahme, durch die ein Ausländer aus dem Gebiet des Aufenthaltsstaates entfernt wird, unabhängig von ihrer *Bezeichnung* im Sprachgebrauch der beteiligten Staaten als Auslieferung oder Ausweisung zu qualifizieren. Dies wird erschwert durch weitgehende Gemeinsamkeiten beider Institute, auf die bereits hingewiesen wurde. Ebenso wie die Auslieferung setzt nämlich auch die Ausweisung voraus, daß der Betroffene sich *im Inland* aufhält. Entfernt er sich nicht freiwillig oder kann er das Land nicht verlassen, weil ihn der angestrebte

---

is expulsion. But the inefficiency of this remedy is obvious. While it rids the country of refuge of undesirable inhabitants, it affords little satisfaction to the laws which they have violated."

[76] Vgl. *von Martitz*, Internationale Rechtshilfe in Strafsachen, Bd. 1 (1888), S. 12; Bd. 2 (1897), S. 633; *Dahm*, Völkerrecht I (1958), S. 531; *Grützner*, Internationaler Rechtshilfeverkehr in Strafsachen (1955), Bd. 1 C 1, S. 2 Anm. 4 zu Art. 16 GG Abs. 2 S. 1; UN-Study on Expulsion of Immigrants, ST/SOA/22 (1955), S. 1.

[77] Hierzu im einzelnen noch unten C. II. und D.

[78] Siehe *Doehring*, Die allgemeinen Regeln des völkerrechtlichen Fremdenrechts (1963), S. 64.

[79] Die Gegenüberstellung wird ergänzt durch die Analysierung einzelner Auslieferungsprinzipien im Teil D. der Arbeit.

Staat nicht aufnehmen will, so nimmt die äußere Gleichartigkeit beider Maßnahmen noch zu: auch der ausgewiesene Ausländer wird verhaftet, es wird seine Übernahme mit einem anderen Staat vereinbart[80], er wird Organen des anderen Staates übergeben.

Da am äußeren Erscheinungsbild von Geben und Nehmen nicht in jedem Falle der Rechtscharakter der in Frage stehenden Maßnahmen abgelesen werden kann, Übergabe und Übernahme eines Ausländers an Organe eines anderen Staates also *sowohl* im Wege der Auslieferung *als auch* der Ausweisung erfolgen können, kann die Abgrenzung beider Maßnahmen letzten Endes nur im *subjektiven* Bereich vorgenommen werden. Entscheidend ist die *Motivation des Aufenthaltsstaates* für die Überstellung: *Verlangt* der Aufenthaltsstaat vom Bestimmungsland die Übernahme des im Aufenthaltsstaat befindlichen Ausländers, *um sich seiner zu entledigen*, so handelt es sich um eine *fremdenpolizeiliche* Maßnahme, also Ausweisung bzw. Abschiebung. *Erfüllt* dagegen der Aufenthaltsstaat durch die Überstellung des im Ausland strafrechtlich Verfolgten ein *Ersuchen* oder sonst irgendwie kundgetanes Begehren des Empfängerstaates, so liegt der Sache nach eine *Auslieferung* vor.

Zur Feststellung des vom Aufenthaltsstaat Gewollten kann auf *objektive* Anhaltspunkte zurückgegriffen werden: So spricht für die Annahme einer *Auslieferung* das Vorliegen eines Auslieferungsersuchens oder eines Ersuchens um vorläufige Festnahme des Verfolgten, die Benachrichtigung von Interpol, die Übergabe des Verfolgten an *Strafverfolgungs*behörden des anderen Staates, ein vom *Verfolger*staat angeregtes Zusammenwirken mit dessen Behörden bei der Vorbereitung der Maßnahme. Schließlich ist es kennzeichnend für eine Auslieferung, wenn der Betroffene bis zu seiner Übergabe an die Behörden des Bestimmungslandes auch über die Staatsgrenzen hinweg von einem Beamten des Aufenthaltsstaates in Haft gehalten oder doch zumindest bewacht wird[81].

Überschneidungen zwischen Auslieferungsverfahren und anderen Formen der Fortschaffung von Ausländern können sich nach alledem *nur* ergeben, wenn sowohl der Aufenthaltsstaat als auch der Verfolgerstaat im selben Fall jeweils eigene Interessen verfolgen, wenn also der

---

[80] Aber auch diese weitgehende Annäherung läßt die beiden Maßnahmen *nicht* völlig ineinander aufgehen. Dessen ist man sich gerade beim Abschluß der erwähnten *Übernahmeabkommen* bewußt gewesen. So enthält z. B. Art. 13 des deutsch-französischen Übernahmeabkommens vom 23. März 1960 (BAnz. 1960 Nr. 63) die Bestimmung, daß auslieferungsrechtliche Vorschriften durch Maßnahmen im Rahmen des Abkommens nicht berührt werden sollen. Hierzu unten C. II. 3.

[81] Siehe z. B. den oben unter A. III. Nr. 3 Buchst. d) geschilderten Fall. Hierzu *Grützner*, Auslieferungsverkehr 1962 S. 14 f.

Aufenthaltsstaat die Entfernung des ihm zur Last fallenden Ausländers erreichen will und das Bestimmungsland seinerseits gleichzeitig die Überstellung desselben Ausländers zur Strafverfolgung oder Strafvollstreckung verlangt. In einem solchen Fall stellt sich die Frage nach dem *Rangverhältnis* beider Institute, die zunächst für den Bereich des Völkerrechts untersucht werden soll.

Dabei wird von folgenden Begriffen und Definitionen ausgegangen:

Auslieferung ist die auf Betreiben des Verfolgerstaates von Organen des Aufenthaltsstaates herbeigeführte amtliche Überstellung des Verfolgten an Organe des Verfolgerstaates zum Zwecke der Strafverfolgung oder Strafvollstreckung im Hoheitsbereich des Verfolgerstaates.

Ausweisung ist der zum Schutze der öffentlichen Sicherheit oder Ordnung oder sonstiger Belange spontan ergangene Befehl des Aufenthaltsstaates an einen Ausländer, das Staatsgebiet zu verlassen, verbunden mit dem Verbot zurückzukehren.

Abschiebung ist die zwangsweise Durchsetzung der Ausweisung durch Verbringung des Ausgewiesenen an die Landesgrenze und durch Übergabe an Grenzorgane des anderen Staates, der zur Übernahme bereit oder von Rechts wegen verpflichtet ist. Im völkerrechtlichen Sprachgebrauch wird die *Durchsetzung* des Ausreisebefehls vielfach in den Begriff der Ausweisung einbezogen[82].

II. Das Rangverhältnis von Auslieferung und Ausweisung im Völkerrecht

1. Das Rangverhältnis von Auslieferung und Ausweisung im vertragslosen Zustand

Im *vertragslosen* Zustand lassen sich Anhaltspunkte für eine Vorrangigkeit des Auslieferungsrechts vor dem Ausweisungsrecht *nicht* feststellen. Das *allgemeine* Völkerrecht kennt keine zwingenden Auslieferungsverbote, die durch Einsatz anderer Maßnahmen umgangen werden könnten. Deshalb stellt sich die Rangfrage insofern nicht.

Dem entspricht der Grundsatz, den das *Institut de Droit International* bereits in die mit seiner Genfer Resolution vom 9. September 1892 verabschiedeten internationalen Regeln über die Zulassung und Ausweisung von Ausländern[83] aufgenommen hat:

„Art. 15. — Les mesures d'expulsion et d'extradition sont indépendantes l'une de l'autre; le refus d'extradition n'implique pas la renonciation au droit d'expulsion."

---

[82] Vgl. z. B. *Schultz*, Les problèmes actuels de l'extradition, in: Revue International de Droit Pénal, 3. Jg. (1968), S. 785 ff., 818.

[83] Annuaire, éd. nouvelle Bd. 3, S. 219 ff.

Eine Verantwortlichkeit dafür, daß der Ausländer durch Ausweisung und Abschiebung nicht strafrechtlichen Maßnahmen des Verfolgerstaates ausgesetzt werde, trifft den Aufenthaltsstaat *grundsätzlich nicht*, nachdem selbst bei drohender *politischer* Verfolgung eine Pflicht zur Nichtauslieferung bzw. zur Nichtausweisung im Völkerrecht noch nicht allgemein anerkannt ist[84]. Jede andere Lösung der Rangfrage im Verhältnis von Auslieferung und Ausweisung nach allgemeinem Völkerrecht würde sich auf die Annahme eines *absoluten Asylrechts* im Sinne eines allgemeinen Auslieferungsverbots unter Vorbehalt der Erfüllung spezieller Auslieferungsverpflichtungen hinbewegen.

Die Auffassung, daß die *Auslieferung* eine unter spezielle Zulässigkeitsvoraussetzungen gestellte *Ausnahme von einem allgemeinen Asylrecht* des flüchtigen Verbrechers sei, ist aber *nicht* anerkannt[85]. Soweit sich im Völkerrecht überhaupt Ansätze zu einer *Schutzpflicht* des Aufenthaltsstaates finden, gelten sie dem *politisch* Verfolgten[86]. Im übrigen kann von einem völkerrechtlichen Anspruch des *strafrechtlich* Verfolgten gegen den Zufluchtsstaat darauf, dem Verfolgerstaat nicht oder nur unter bestimmten Voraussetzungen ausgeliefert zu werden, keine Rede sein[87].

Ebensowenig wie spezielle Auslieferungsverbote kennt das *allgemeine* Völkerrecht über den Rahmen der anerkannten *Menschenrechte* und des fremdenrechtlichen *Mindeststandards*[88] hinausgehende Beschränkungen der Strafverfolgung oder Strafvollstreckung im Empfangsstaat zugunsten des Ausgelieferten. Zu denken wäre in diesem Zusammenhang an den in der Staatenpraxis anerkannten *Spezialitätsgrundsatz*[89]. Danach müssen Strafverfolgung und Strafvollstreckung sich im er-

---

[84] Vgl. *Schultz*, Aktuelle Probleme der Auslieferung, in: ZStW Bd. 81 (1969), S. 199 ff (219 f.).

[85] Siehe z. B. die amtliche Begründung zum Entwurf eines *niederländischen* Auslieferungsgesetzes, in: Staaten-Generaal, 2. Kamer, Bijlagen 1965 Nr. 8054, S. 11; vgl. *Abendroth*, Stichwort „Asylrecht", in: WVR Bd. 1 (1960), S. 89 ff. (91).

[86] Siehe unten C. III. 3. und D. IV.

[87] Ein völkerrechtlicher *Anspruch auf Nichtauslieferung* an den Verfolgerstaat hat sich noch nicht einmal zugunsten der politischen Täter durchgesetzt, siehe *Lammasch*, Auslieferungspflicht und Asylrecht (1887), S. 40; *Kimminich*, in: Bonner Kommentar, Rdnr. 152, 155 zu Art. 16 GG; *Doehring*, Asylrecht und Staatsschutz, in: ZaöRV Bd. 26 (1966), S. 33 ff. (34); siehe auch die Erklärungen einzelner Staaten im Zusammenhang mit der Vorbereitung der UN-Asylrechtsdeklaration 1967, in: UN-Doc. E/CN. 4/781 (*Belgien*, S. 2; *ČSSR*, S. 6; *Peru*, S. 10 ff.; *Indien*, Add. 1, S. 2); hierzu *Weis*, Statement, Appendix I zum Report of the Committee on the Legal Aspects of the Problem of Asylum, ILA, Tokyo Conference (1964), Konferenzdokument, S. 40 ff. (41).

[88] Hierzu unten C. III.

[89] Hierzu unten D. I. 2.

suchenden Staat auf die Taten beschränken, für die die Auslieferung *bewilligt* worden ist.

Zwar hat dieser Grundsatz insoweit im allgemeinen Völkerrecht Anerkennung gefunden, als *auch ohne ausdrückliche* Vereinbarung danach verfahren wird. Da die Staaten die Geltung des Spezialitätsgrundsatzes im Verhältnis zueinander jederzeit ausschließen können, kommt dem Auslieferungsrecht aber auch unter diesem Gesichtspunkt kein genereller Vorrang vor der Ausweisung zu[90].

2. Das Verhältnis beider Institute bei Bestehen eines Auslieferungsvertrags

Ist der Aufenthaltsstaat auf Grund eines völkerrechtlichen *Vertrags* mit dem Verfolgerstaat zur Auslieferung eines bestimmten Ausländers *verpflichtet,* so darf er sich der Auslieferungspflicht nicht durch *Ausweisung* des Verfolgten entziehen. Durch den Abschluß des Auslieferungsvertrags hat der Aufenthaltsstaat sich nämlich verpflichtet, sein Interesse an der Entfernung eines vom Vertragspartner gesuchten Ausländers nur unter Beachtung der sich aus dem Vertrag ergebenden Pflichten zu befriedigen[91].

Eine *Ausweisung,* die dem Ausländer den Weg in einen *anderen* als den um Auslieferung ersuchenden Staat eröffnet, wäre dem Aufenthaltsstaat also mit Rücksicht auf eine vorrangige völkerrechtliche Verpflichtung versagt[92]. Daraus folgt, daß auslieferungsrechtliche Gesichtspunkte jedenfalls *vor* der Vollziehung fremdenpolizeilicher Maßnahmen zu prüfen sind, damit die Erfüllung vertraglicher Pflichten nicht vereitelt wird[93].

Der hier zu beurteilende Sachverhalt ist aber gerade dadurch gekennzeichnet, daß der Aufenthaltsstaat den Erfolg einer Auslieferung herbeiführen will, obwohl eine Pflicht hierzu vertraglich nicht begründet ist oder die Auslieferung gar in einem Vertrage für unzulässig erklärt wird. Für diesen Fall wollte das *Institut de Droit International* dem Auslieferungsrecht offenbar eine gewisse Vorrangstellung ein-

---

[90] Vgl. *Hsu Chao Ching,* Du principe de la spécialité en matière d'extradition (1950), S. 56 ff.
[91] Vgl. *von Münch,* Argoud-Fall, in: Übungsfälle, S. 151 ff. (170); *Bauer,* Die völkerrechtswidrige Entführung (1968), S. 51.
[92] Ebenso wohl auch die Abschiebung in den Heimatstaat, wenn dadurch die Ergreifung des Täters für dessen Justizbehörden erschwert würde.
[93] Im deutschen Recht wird dies durch § 55 Abs. 3 AuslG sichergestellt, wonach von den Vorschriften des Ausländergesetzes abweichende Bestimmungen in völkerrechtlichen Verträgen von diesem Gesetz unberührt bleiben sollen.

räumen, wenn nach Art. 28 Nr. 6 der bereits erwähnten Regeln[94] ausgewiesen werden können: „Les étrangers condamnés à l'étranger ou s'y trouvant sous le coup de poursuites pour des infractions graves qui, selon la législation du pays ou d'après les traités d'extradition conclus par l'Etat avec d'autres Etats, pourraient donner lieu à leur extradition."

Ist die *Weiterlieferung* eines Verfolgten auf Grund einer Spezialitätszusicherung im Rahmen einer Auslieferung dem ersuchenden Staat versagt, so darf dieser vertraglich vereinbarte Ausschluß natürlich nicht ohne weiteres durch Einsatz fremdenpolizeilicher Maßnahmen *umgangen* werden[95]. Insoweit trifft der vom *Institut de Droit International* zum Ausdruck gebrachte Vorbehalt zugunsten der Bestimmungen von Auslieferungsverträgen durchaus zu.

Im übrigen hängt die Beantwortung der Frage nach dem Rangverhältnis zwischen Auslieferung und Ausweisung aber davon ab, wie man den *Inhalt* von Auslieferungsverträgen rechtlich beurteilt: Bestimmen Auslieferungsverträge nur, wann und in welchem Umfang eine *Auslieferungspflicht* besteht? Verlangen sie auch, daß strafrechtlich Verfolgte *nur* unter vertraglich vorgesehenen Formen ausgeliefert und sonst überhaupt nicht überstellt werden dürfen? Haben die Vertragspartner durch gewisse, aus Achtung humanitärer Prinzipien aufgenommene Bestimmungen ein entsprechendes vertragliches *ius cogens* geschaffen, von dem nur im Wege ordnungsgemäßer Vertragsänderung abgewichen werden darf[96]?

Alle diese Fragen kreisen um dasProblem, ob Auslieferungsverträge nur eine Auslieferungspflicht der Vertragspartner begründen oder ob sie zugleich auch eine Beschränkung der jedem Staat zustehenden Auslieferungsbefugnis im völkerrechtlichen Bereich bewirken.

a) Sinn und Zweck von Auslieferungsverträgen

Die Untersuchung der angeschnittenen Fragen kann ausgehen von der bereits getroffenen Feststellung, daß das allgemeine Völkerrecht weder eine Pflicht der Staaten zur Auslieferung flüchtiger Straftäter noch allgemein gültige Verbote für ihre Auslieferung an den Verfol-

---

[94] Resolution vom 9. 9. 1892 betr. internationale Regeln über die Zulassung und Ausweisung von Ausländern, Annuaire, éd. nouvelle Bd. 3, S. 219 ff.

[95] So schon *Lammasch*, Auslieferungspflicht und Asylrecht (1887), S. 777. Siehe auch unten D. I. 2.

[96] Zur *Vorfrage*, ob der völkerrechtlichen Vertragsfreiheit durch ein völkerrechtliches *ius cogens* Schranken gesetzt sind, siehe speziell im Hinblick auf Auslieferungsverträge *Vogler*, Auslieferungsrecht und Grundgesetz, S. 215 ff. mit Nachweisen des Schrifttums.

II. 2. Das Rangverhältnis im Falle eines Auslieferungsvertrags

gerstaat kennt. Diese Rechtslage wird durch den Abschluß eines Auslieferungsvertrages oder auch die auf einen konkreten Fall bezogene Auslieferungsvereinbarung vor allem insofern geändert, als die Vertragspartner sich gegenseitig verpflichten, unter gewissen, im Vertrag niedergelegten Voraussetzungen dem anderen Staat auf dessen Ersuchen im Staatsgebiet befindliche flüchtige Verbrecher auszuliefern.

Daß durch den Auslieferungsvertrag eine Auslieferungspflicht gegenüber dem Vertragspartner begründet wird, steht sonach außer Frage. Zweifelhaft ist jedoch, ob die Vertragsstaaten sich gleichzeitig darauf festgelegt haben, in ihrem Verhältnis zueinander mit flüchtigen Verbrechern nur nach den Bestimmungen des Auslieferungsvertrages zu verfahren. Das würde bedeuten, daß ein strafrechtlich Verfolgter von dem vertraglich so gebundenen Aufenthaltsstaat *nur* nach Maßgabe des Auslieferungsvertrages und *nicht auf andere Weise* dem ihn verfolgenden anderen Vertragsstaat überstellt werden dürfte.

Eine solche Lösung hat offenbar Decocq im Auge. Nach seiner Auffassung würden alle Garantien wie die Definition der Auslieferungstaten, Spezialität, richterliche Kontrolle ihren Sinn verlieren, wenn die klassische Auslieferung nur eine Art der „livraison" unter anderen und nicht „le mode de livraison exclusif"[97] wäre. Ob und in welchem Umfang Auslieferungsverträge so ausgelegt werden dürfen, hängt nicht zuletzt von den Zielsetzungen der Vertragspartner ab.

Der augenfälligste Beweggrund für den Abschluß von Auslieferungsverträgen liegt im Bestreben der Staaten, die *internationale Rechtshilfe* zu *erleichtern*[98]. Flüchtige Verbrecher der gerechten Strafe zuzuführen, ist ein Ziel, das allen Staaten mehr oder weniger gemeinsam ist. Scheitert die Bestrafung des flüchtigen Verbrechers im Zufluchtsstaat nicht schon an der territorialen Beschränkung der Jurisdiktion seiner Gerichte[99], so steht ihr doch häufig die Schwierigkeit hindernd im Wege, die Tat fern vom Begehungsort aufklären zu müssen. Schon aus diesen Gründen entspricht die Erleichterung der internationalen, über die Grenzen hinweggehenden Verbrechensbekämpfung einer allgemein feststellbaren Tendenz in der Staatenwelt[100].

---

[97] Decocq, La Livraison des delinquants en dehors du droit commun de l'extradition, Rev. critique de droit int. privé Bd. 53 (1964), S. 411 ff. (413).
[98] So schon RGSt Bd. 33, S. 99. Vgl. Schultz, Schweizerisches Auslieferungsrecht (1953), S. 116: „Die Auslieferungsverträge sind nach ihrer Zweckbestimmung so auszulegen, daß sie die Verfolgung flüchtiger Verbrecher erleichtern und den Erfordernissen prozessualer Zweckmäßigkeit entsprechen." Vgl. auch BGHSt, in: Lindenmaier-Möhring, DAG § 1 (Nr. 1).
[99] Vgl. RGSt Bd. 34, S. 191.
[100] Vgl. die Darlegungen in der amtlichen Begründung zum Entwurf eines *niederländischen* Auslieferungsgesetzes, Staaten-Generaal, 2. Kamer, Bijlagen 1964—1965 Nr. 8054, S. 11, Buchstabe c.

b) *Untersuchung einzelner Auslieferungsverträge*

Bereits die Zielsetzung, den Auslieferungsverkehr zu *erleichtern*, läßt es unwahrscheinlich erscheinen, daß die Partner eines Auslieferungsvertrages ihre Befugnis, flüchtige Verbrecher einander auszuliefern, durch den Vertragsschluß völkerrechtlich *einschränken* wollten. Überdies sprechen *Wortlaut* und *Struktur* vieler Auslieferungsverträge deutlich *gegen* eine solche Annahme.

Beispielhaft ist Artikel 1 des *deutsch-französischen* Auslieferungsvertrages vom 29. 11. 1951[101]:

„Die Vertragschließenden verpflichten sich gegenseitig, nach Maßgabe der nachstehenden Artikel einander Personen auszuliefern, welche von den Justizbehörden des ersuchenden Staates verfolgt oder zum Zwecke der Vollstreckung einer gerichtlich erkannten Strafe oder Maßregel der Sicherung gesucht werden."

Damit kommt klar zum Ausdruck, worum es im Auslieferungsvertrag geht: nämlich um die Begründung und Abgrenzung der *Pflicht auszuliefern*, nicht aber um die Begründung einer Pflicht *nicht* auszuliefern.

Dasselbe wird auch an dem *Aufbau* anderer Auslieferungsverträge deutlich: Nachdem eingangs die gegenseitige Verpflichtung zur Auslieferung begründet wird, werden im folgenden *Ausnahmen* von der Auslieferungspflicht festgelegt. So bestimmt z. B. Art. 4 des *deutsch-finnischen* Auslieferungsvertrags vom 14. 5. 1937[102]:

„Die vertragschließenden Teile sind zur Auslieferung nicht verpflichtet, wenn die Tat eine politische ist ..."

Artikel 5 und 6 des Vertrags enthalten sodann *„weitere Ausnahmen von der Auslieferungspflicht"*.

Entsprechend ist auch der *deutsch-italienische* Auslieferungsvertrag vom 12. Juni 1942[103] aufgebaut: Nachdem Artikel 5 und 6 jenes Vertrages die Überschrift tragen: „Weitere Ausnahmen von der Auslieferungspflicht", ist anzunehmen, daß der vorausgehende Artikel 4, wonach eine Auslieferung für *politische* Taten *nicht* gewährt wird, ebenfalls nur eine Ausnahme von der Auslieferungspflicht, nicht aber eine *vertragliche Beschränkung* der staatlichen Auslieferungsbefugnis darstellt. Nicht anders zu verstehen ist Artikel 6 des *deutsch-luxemburgischen* Auslieferungsvertrags vom 9. März 1876[104], wonach dieser

---

[101] BGBl. 1953 II, S. 152.
[102] RGBl. 1937 II, S. 551, wiederangewendet vom 1. 7. 1954 an, Bekanntmachung v. 30. 10. 1954, BGBl. 1954 II, S. 1050.
[103] RGBl. 1943 II, S. 73, wiederangewendet mit Ausnahme des Absatzes 2 des Artikels IV vom 1. 3. 1953 an, BGBl. 1953 II, S. 149.
[104] Auslieferungsvertrag zwischen dem Deutschen Reich und Luxemburg v. 9. 3. 1876 in der Fassung des Zusatzvertrags v. 6. 5. 1912, RGBl. 1876,

Vertrag „auf solche Personen, die sich irgendeines *politischen* Verbrechens oder Vergehens schuldig gemacht haben, *keine* Anwendung" findet.

Das hier anhand der deutschen Vertragspraxis entwickelte Ergebnis wird von *Schultz*[105] für die *Schweiz* in vollem Umfang bestätigt. Verträge und Gegenrechtserklärungen legen die Auslieferungs*pflicht* der Schweiz fest. Sie bestimmen also nicht, ob die Schweiz ausliefern *darf*, sondern unter welchen Voraussetzungen sie ausliefern *soll*[106].

c) Individuelle Rechtspositionen in Auslieferungsverträgen

Es besteht kein Streit darüber, daß die Staaten eine ganze Reihe der erwähnten Ausnahmen von der vertraglich vereinbarten Auslieferungspflicht auch zum Schutze des verfolgten *Individuums* ausgehandelt haben[107]. Die Frage liegt daher nahe, ob nicht, wenn auch eine Beschränkung der Vertragspartner *untereinander* auf die nach dem Vertrag zulässigen Auslieferungsfälle *nicht* angenommen werden kann, doch dem *betroffenen* Individuum eine gewisse Rechtsposition eingeräumt werden sollte, die der Auslieferungsbefugnis der Staaten entgegengesetzt werden könnte.

Zu der umstrittenen Frage, ob die Individuen auf völkerrechtlicher Ebene *unmittelbar* Inhaber von Rechten werden können[108], hat der *Ständige Internationale Gerichtshof* im Jahre 1928 mit folgenden Worten Stellung genommen:

"According to a well established principle of international law an international agreement cannot, as such, create direct rights and obligations for

---

S. 223; 1912, S. 491, wiederangewendet mit gewissen Änderungen v. 1. 1. 1954 an, BGBl. 1955 II, S. 596.

[105] *Schultz*, Schweizerisches Auslieferungsrecht (1953), S. 60, 127.

[106] Für die *österreichische* Praxis siehe *Drechsler-Linke*, Rechtshilfeverkehr mit dem Ausland in Strafsachen (1961), S. 49: „Auslieferungsverträge regeln nur die Auslieferungspflicht und nicht das Recht zur Auslieferung. Die Unzulässigkeit der Auslieferung kann daher der Ausgelieferte aus einem Auslieferungsvertrag oder aus der Nichtbeachtung von Auslieferungsformalitäten *nicht* ableiten, weil der Vertrag nur Rechte und Pflichten zwischen den vertragschließenden Staaten begründet. Hat der ersuchte Staat daher in Kenntnis des Sachverhalts die Auslieferung auch wegen strafbarer Handlungen bewilligt, die in dem bestehenden Auslieferungsvertrag nicht vorgesehen sind, so liegt keine Verletzung dieses Vertrages vor (14. August 1914, ÖR. 611)."

[107] Vgl. *van Panhuys*, Le traité d'extradition comme source de droits pour les individus, in: Le Droit Pénal International, Recueil d'Etudes en Hommage à J. M. van Bemmelen, Leyden (1965), S. 60 ff., 74.

[108] Hierzu *Partsch*, Stichwort „Individuum im Völkerrecht", in: WVR Bd. 2 (1961), S. 12 ff., 15 f.; *Mosler*, Stichwort „Völkerrechtsfähigkeit", in: WVR Bd. 3 (1962), S. 673 ff.; *Walter*, Die Europäische Menschenrechtsordnung, S. 11 ff.

private individuals. But it cannot be disputed that the very object of an international agreement, according to the intention of the contracting Parties, may be the adoption by the Parties of some definite rules creating individual rights and obligations enforceable by the national courts[109]."

Wie bereits dargelegt, verfolgen die Staaten durch den Abschluß von Auslieferungsverträgen das Ziel, den internationalen Rechtshilfeverkehr zu erleichtern. Wenn die Staaten hierbei den zum Schutze des Individuums anerkannten rechtsstaatlichen Garantien Nachachtung verschaffen, so geschieht dies, wie *Schwarzenberger* treffend formuliert, „in a merely incidental manner, and in keeping with the standards of the rule of law on the international level"[110].

Zu keinem anderen Ergebnis gelangt auch *Doehring* bei seinen Untersuchungen über die allgemeinen Regeln des völkerrechtlichen Fremdenrechts[111]. Danach erzeugen Rechtssätze des völkerrechtlichen Fremdenrechts im allgemeinen *keine* völkerrechtlichen Individualrechte. Mangels anderslautender spezieller Abreden könne davon ausgegangen werden, daß ein Vertrag *nur* völkerrechtliche Pflichten und Rechte der *Staaten* als Vertragspartner begründen solle. Ob und inwieweit Rechte gegebenenfalls von Ausländern selbst in Anspruch genommen werden können, hängt davon ab, in welcher Art und in welchem Umfang der völkerrechtlich zu einem bestimmten Verhalten verpflichtete Staat durch sein innerstaatliches Recht den Fremden Individualrechte zuerkennt[112]. Die einzelnen Grundsätze des Auslieferungsrechts werden daher im Rahmen der Untersuchung des *deutschen* Rechts noch näher darauf geprüft werden, inwieweit sie als *individualrechtliche* Anspruchsgrundlagen in Betracht kommen[113].

Im Vorgriff auf das weiter unten[113] ausgeführte und belegte Ergebnis kann schon an dieser Stelle festgehalten werden, daß so grundlegende Regeln wie die der *Spezialität,* der *Gegenseitigkeit* oder der *identischen Norm* aus dem Bedürfnis der Staaten nach Schutz vor Mißachtung ihrer *Souveränität* entstanden sind und ihre *ratio legis* nicht in dem Individualschutz finden, der im Gefolge des zum Teil minuziös funktionierenden Auslieferungsmechanismus dem Betroffenen tatsächlich zuteil werden mag[114]. Das gilt selbst für das Prinzip der Nichtauslieferung

---
[109] StIGH B 15 (1928), S. 17 (Danziger Gerichte).
[110] *Schwarzenberger,* International Law, Bd. 1 (1957), S. 259.
[111] *Doehring,* Die allgemeinen Regeln des völkerrechtlichen Fremdenrechts (1963), S. 54 f.
[112] *Doehring,* Die allgemeinen Regeln des völkerrechtlichen Fremdenrechts (1963), S. 10, 54 f.; vgl. auch Corbett, Law and Society in the Relation of States (1951), S. 186.
[113] Siehe unten D.
[114] Vgl. *Doehring,* Die allgemeinen Regeln des völkerrechtlichen Fremdenrechts (1963), S. 63.

politischer Täter, das sich nach einer früher gerade *umgekehrten* Praxis aus dem Grundsatz der *„Neutralität des Staates gegenüber inneren politischen Kämpfen anderer Staaten"*[115] entwickelt hat[116].

Zu einer anderen Beurteilung der *Rechtsnatur* von Auslieferungsverträgen führt auch *nicht* der Umstand, daß in manchen Rechtsordnungen dem *Verzicht* des Individuums auf Einhaltung der das Auslieferungsverfahren umgebenden Rechtsgarantien Erheblichkeit beigemessen wird[117]. Daß aus der Anerkennung dieser sogenannten *„extradition volontaire"* aber *nicht* der Schluß auf eine Berechtigung des Verzichtenden aus dem Auslieferungsvertrag gezogen werden kann, hat bereits das Reichsgericht festgestellt[118].

Danach ist davon auszugehen, daß das Individuum nicht aus *eigenem* Recht auf vertragliche Rechtspositionen *verzichten* kann, da solche nur den vertragschließenden Parteien zustehen[119]. Jedem Vertragspartner bleibt es aber unbenommen, einem Verzicht des betroffenen Individuums auf zu seinem Schutze im Vertrag niedergelegte Garantien eine gewisse *Tatbestandswirkung* beizumessen, soweit es sich um vertragliche Pflichten handelt, auf deren Erfüllung der Staat selbst verzichten kann[120].

d) Die Beurteilung des Inhalts von Auslieferungsverträgen durch die Rechtsprechung

Das vorgefundene Bild von Zweck und Ziel der Auslieferungsverträge spiegelt sich in der Rechtsprechung *nationaler* Gerichte wider. Nach der bereits erwähnten Ansicht des *Reichsgerichts* erkennt der Staat eine Verpflichtung zur Auslieferung nur auf Grund und innerhalb der Grenzen eines Auslieferungsvertrags an. Darüberhinaus aber will er die Rechtshilfe verweigern oder jedenfalls von seinem völlig freien, jeweils im einzelnen Falle wirksam werdenden Belieben abhängig

---

[115] *Fraustädter*, DAG (1930), S. 35; vgl. *Schultz*, Aktuelle Probleme der Auslieferung, in: ZStW Bd. 81 (1969), S. 199 ff. (219).
[116] Hierzu unten D. IV. 1.
[117] Vgl. Cass.Crim. v. 23. 7. 1938 in Rev. Science Crim. 1938, S. 37. Siehe auch *Billot*, Traité de l'extradition (1874), S. 373 ff.; *Bernard*, Traité de l'extradition (1890), Bd. 2, S. 576 f.; *Beauchet*, Traité de l'extradition (1899), S. 505 ff. (Nr. 978—994); *Sirey*, Recueil général des lois et des arrêts 2. série 1867, I. Part., S. 413 — affaire Rennençon — Charpentier v. 4. 7. 1867; ibid., S. 414 — affaire Faure de Monginot v. 25. 7. 1867.
[118] RGSt Bd. 32, 425; 35, 254.
[119] Besonders deutlich RGSt Bd. 34, S. 191.
[120] Der Verzicht ist möglicherweise durch innerstaatliche Vorschriften ausgeschlossen.

machen[121]. Dabei handelt es sich nach Auffassung des Reichsgerichts nur um die staatspolitische Frage, ob und inwieweit im Einzelfall ein Staat aus gewissen höheren Interessen allgemeiner Natur zugunsten eines anderen Staates von der strengen Aufrechterhaltung des Souveränitätsprinzips Abstand nehmen und jenem seinen Beistand gewähren solle. „Daß bei diesen Staatsverträgen es hauptsächlich auf Wahrung der Interessen der auszuliefernden Personen abgesehen sei, ist den bis jetzt vorliegenden Verträgen nicht zu entnehmen[122]."

Die deutschen Gerichte prüfen und entscheiden die Frage der *Zulässigkeit des Auslieferungsersuchens* eines ausländischen Staates auf der Grundlage des objektiv geltenden deutschen Rechts, zu dem kraft des Zustimmungsgesetzes auch die Bestimmungen eines Auslieferungsvertrags gehören[123], auf die sich somit auch der Verfolgte berufen kann[124]. Ist aber die Auslieferung von einem ausländischen Staat bewilligt worden, dann prüfen die deutschen Gerichte deren Vertragsmäßigkeit im Strafverfahren gegen den *Eingelieferten nicht* nach[125]: insofern gilt der Grundsatz „*male captus, bene detentus*". Das Reichsgericht hat lediglich dem ausliefernden Staat selbst das Recht zugesprochen, die Einhaltung vertraglich vereinbarter Auslieferungsvoraussetzungen vom ersuchenden Staat zu verlangen. Ihre Nichteinhaltung berechtige weder den Ausgelieferten zum Einspruch, noch das zur Strafverfolgung berufene Gericht zur Nachprüfung und Beanstandung der erfolgten Auslieferung[126].

In diese Richtung weist auch eine nicht veröffentlichte Entscheidung des *Bundesverfassungsgerichts*[127], mit der der nach § 93 a Abs. 2 des

---

[121] Neuere Tendenzen, wie sie der im Rahmen des Europarats ausgearbeiteten, bislang noch nicht in Kraft getretenen Convention on the Transfer of Proceedings in Criminal Matters (abgedruckt in International Legal Materials, Bd. XI (1972) Nr. 4, S. 709 ff.) zugrundeliegen, waren für das Reichsgericht noch nicht zu verzeichnen. Sie lassen den Grundsatz, daß eine völkerrechtliche Verpflichtung der Staaten zur internationalen Rechtshilfe sich nur aus entsprechenden Vereinbarungen ergibt, als solchen unberührt.

[122] RGSt Bd. 34, S. 191.

[123] Vgl. *Maunz-Sigloch*, § 90 Rdnr. 71.

[124] Siehe z. B. BGHSt Bd. 20, S. 276 und die Nachweise bei Lindenmaier-Möhring, DAG.

[125] Vgl. *Vogler*, Auslieferungsrecht und Grundgesetz, S. 326.

[126] RG in Goldt. Archiv Bd. 36, S. 404. An dieser Auffassung hat das *Reichsgericht* festgehalten: „Die Ausgelieferten können als Gegenstände der Auslieferung weder Rechte aus den Auslieferungsvereinbarungen ableiten noch die Rechtmäßigkeit der Auslieferung bestreiten, es sei denn, daß ihnen ein solches Recht vertraglich ausdrücklich eingeräumt worden wäre. Selbst wenn wegen einer Straftat ausgeliefert wird, die der Vertrag nicht vorsieht, kann der Ausgelieferte das nicht beanstanden." RGSt Bd. 70, S. 287.

[127] Entscheidung des Ersten Senats (Dreierausschuß) vom 19. Oktober 1966 — Az. 1 Bv R 607/66 —.

Bundesverfassungsgerichtsgesetzes berufene Ausschuß die Annahme einer *Verfassungsbeschwerde gegen* eine *Auslieferungsbewilligung* als *unzulässig* abgelehnt hat. In der Begründung heißt es: „Die Bewilligung der Auslieferung durch die Bundesregierung betrifft nur das Verhältnis zwischen der Bundesrepublik und dem die Auslieferung begehrenden Staat und ist daher kein Hoheitsakt, der in Grundrechte des Beschwerdeführers eingreifen könnte[128]."

Eine im wesentlichen gleiche Beurteilung haben Auslieferungsverträge in der Rechtsprechung *amerikanischer* Gerichte gefunden, wie die Entscheidung im Falle *U. S. v. Sobell*[129] zeigt: *Sobell*, ein wegen drohender Strafverfolgung aus den Vereinigten Staaten nach Mexiko ausgereister amerikanischer Staatsangehöriger, der von mexikanischen Sicherheitsorganen gegen seinen Willen den amerikanischen Grenzbehörden übergeben worden war, machte in einem Strafverfahren vor einem amerikanischen Richter geltend, daß schon die Existenz eines in Kraft befindlichen Auslieferungsvertrags zwischen den Vereinigten Staaten und Mexiko ihn davor schütze, *außerhalb* des im Auslieferungsvertrag vorgesehenen Verfahrens festgenommen und Behörden des ihn verfolgenden Staates überstellt zu werden. Das Gericht lehnte diese Auffassung mit den in der Entscheidung des Falles *Ker v. the People of the State of Illinois*[130] vom Supreme Court der Vereinigten Staaten entwickelten Grundsätzen ab:

"... the sole obligation the *surrendering state* undertakes in an extradition treaty is that it will bind itself to extradite fugitives sought for certain enumerated offences, where formerly it could have used its own discretion. And the sole obligation of the *demanding state* is that if it invokes formal extradition proceedings, it will try the surrendered fugitive only for the specific crime charged. *Informal expulsion procedures are still available to the surrendering state both for enumerated and certainly for nonenumerated crimes*[131]."

e) Die Beurteilung des Inhalts
von Auslieferungsverträgen im Schrifttum

Das völkerrechtliche *Schrifttum* bestätigt diese *strikte* Interpretation von Auslieferungsverträgen.

---

[128] Abgedruckt bei *Vogler*, Auslieferungsrecht und Grundgesetz, S. 312. Die Möglichkeit, den Beschluß des Oberlandesgerichts über die Zulässigkeit der Auslieferung nach § 25 DAG mit der Verfassungsbeschwerde anzugreifen, bleibt von dieser Feststellung unberührt, siehe *Vogler*, ibid., S. 319.
[129] US v. Sobell 142 F. Supp. 515.
[130] Ker v. People of the State of Illinois, Urteil v. 6. 12. 1886, 119 U.S. 436; 7 S.Ct.Rep. 225.
[131] US v. Sobell 142 F. Supp. 515 (Hervorhebungen vom Verfasser).

Zwar haben *Bernard*[132] und *Brocher*[133] sich zu ihrer Zeit gegen die Zulässigkeit der von ihnen als „*Geheimklauseln*" gebrandmarkten Gegenrechtserklärungen gewandt, sofern diese dazu führten, bestehende Auslieferungsverträge aufzuheben. Über den Rahmen des im Auslieferungsvertrag Vereinbarten hinausgehende Gegenrechtserklärungen seien regelrechte Fallen für den Verfolgten, der sich im Vertrauen auf einen gültigen Vertrag in ein bestimmtes Land geflüchtet habe. Diese Ansicht beruht letztlich auf der — inzwischen allseits *abgelehnten*[134] — Theorie, daß jeder Verfolgte im Zufluchtsstaat ein verbürgtes Asyl besitze und nur in den vertraglich vorgesehenen Fällen ausgeliefert werden dürfe.

Dem ist entgegenzuhalten, daß Auslieferungsverträge *nicht* wie z. B. Niederlassungverträge den *Aufenthalt* von Ausländern im Staatsgebiet der Vertragspartner zum Gegenstand haben. Bezeichnend ist, daß Auslieferungsverträge — abgesehen von dem häufig anzutreffenden Ausschluß der Auslieferung eigener Staatsangehöriger — für die Abgrenzung des Kreises auszuliefernder Personen *nicht* auf eine bestimmte *Staatszugehörigkeit* abstellen. Da die Auslieferung aber notwendigerweise das Aufenthaltsrecht des Ausländers — zumindest vorübergehend — *faktisch* zunichte macht, stellt sich die Frage, ob ihre Voraussetzungen mit den völkerrechtlichen Verpflichtungen des Aufenthaltsstaates abgestimmt werden müssen, die er bestimmten Staaten gegenüber zur Gestattung des Aufenthalts ihrer Staatsangehörigen übernommen hat.

Auch hier zeigt sich, daß sich die Belange des internationalen *Rechtshilfeverkehrs* und des *Aufenthaltsrechts* von Ausländern weitgehend *auseinanderhalten* lassen: Da die *Auslieferung* regelmäßig *subsidiärer* Natur ist, also gerade *auch dann* in Betracht kommt, wenn dem Aufenthaltsstaat selbst die *Strafkompetenz* fehlt[135], ist ein Konflikt mit *aufenthaltsrechtlichen* Bestimmungen kaum zu erwarten, weil es nicht der Sinn von Niederlassungsverträgen sein kann, die dadurch begünstigten Personen gerechter Strafe zu entziehen[136]. Hat sich der Aufent-

---

[132] *Bernard*, Traité de l'extradition Bd. 2 (1890), S. 65 f.

[133] *Brocher*, in: Annuaire de l'Institut de Droit International, éd. nouvelle, Bd. 1 (1928), S. 396.

[134] *Schultz*, Das schweizerische Auslieferungsrecht (1953), S. 125, Anm. 222.

[135] Das gilt insbesondere für die im anglo-amerikanischen Rechtskreis bekannte Beschränkung der Strafhoheit auf im eigenen Staatsgebiet begangene Taten.

[136] Besonders weit gehen in dieser Hinsicht die Bestimmungen des für den EWG-Bereich geltenden Niederlassungsrechts. Hier schränkt Art. 3 Abs. 2 der EWG-Richtlinie 64/221 (ABl. 1964, S. 850) den § 10 Abs. 1 Nr. 2 des Ausländergesetzes insofern ein, als strafrechtliche *Verurteilungen allein* eine Ausweisung *nicht* begründen können. Siehe auch § 12 AufenthG/EWG und hierzu VG Berlin, Urteil v. 23. 10. 1969 — XI A 70/69 —, abgedruckt in:

II. 2. Das Rangverhältnis im Falle eines Auslieferungsvertrags

haltsstaat einem anderen Staat gegenüber verpflichtet, dessen Staatsangehörige nur in ganz besonders schwerwiegenden Fällen und insbesondere nicht bei minderen strafrechtlichen Delikten auszuweisen, so wird er dieser Rechtslage beim Abschluß von Auslieferungsverträgen mit dritten Staaten dadurch Rechnung tragen müssen, daß er auch keine Verpflichtung zur Auslieferung für diese Delikte eingeht, sofern er sie selbst ahnden kann.

Nach *Schultz*[137] ist die *außervertragliche* Auslieferung in Verträgen zwar nur selten *ausdrücklich* vorbehalten; ist dies der Fall, so bestätigt der Vorbehalt aber lediglich einen *allgemeinen Grundsatz*, nachdem die Vertragspartner durch den Auslieferungsvertrag nur die *Pflicht zur Auslieferung* umschreiben, *ohne* damit das beiderseitige Recht, über die im Vertrag vorgesehenen Fälle hinaus auszuliefern, zu berühren, geschweige denn zu beschränken.

Dieses Ergebnis wird unterstützt durch die Folgerung, die *Doehring*[138] aus dem Wandel der Grundsätze des Auslieferungsrechts zieht, der sich vorwiegend unter dem Einfluß von *Staatsinteressen* und nur *selten* mit Rücksicht auf *Individualinteressen* vollzog. So liege der Grund des Wechsels in der Auffassung zur Frage der Auslieferung von *Deserteuren*[139] nicht darin, daß Deserteure nun als besonders schutzwürdig gelten, sondern beruhe ausschließlich auf *Staatssicherheitsinteressen*. Das zeige sich daran, daß das nationale Recht Deserteure auch heute keineswegs weniger hart bestrafe. Selbst die Kontroverse über die völkerrechtliche Pflicht zur *Repatriierung* übergelaufener *Kriegsgefangener* in Korea[140] ging auf beiden Seiten zum überwiegenden Teil auf

Schüler und *Wirtz*, S. 316 f. Soll also ein *EWG-Bürger* lediglich wegen einer im Ausland gegen ihn ergangenen Verurteilung *ausgewiesen* werden, so ist dies infolge der Einschränkung des an sich zu dieser Maßnahme ermächtigenden § 10 Abs. 1 Nr. 2 Ausländergesetz gegenüber den EWG-Partnern ausgeschlossen. Wird der betreffende Ausländer aber zur Vollstreckung des Strafurteils in den ihn verfolgenden Staat *ausgeliefert*, so könnte dagegen das EWG-Niederlassungsrecht nur mit der Behauptung ins Feld geführt werden, es handle sich der Sache nach nicht um eine Auslieferung, sondern um eine als Auslieferung getarnte Ausweisung.

[137] *Schultz*, Das schweizerische Auslieferungsrecht (1953), S. 127.

[138] *Doehring*, Die allgemeinen Regeln des völkerrechtlichen Fremdenrechts (1963), S. 64.

[139] Nachdem zunächst viele Staaten sogenannte *Deserteurkartelle* gebildet und sich zur Auslieferung von Fahnenflüchtigen bereit erklärt hatten, erfolgte, von Frankreich ausgehend (zur Auffüllung der Fremdenlegion, vgl. *Doehring*, „Fremdenlegion", WVR Bd. 1 [1960], S. 565), ein *Auffassungswandel*, der so weit ging, daß *heute* die *Nichtauslieferung* von Deserteuren durchgängig als herrschender *Grundsatz* angesehen wird, vgl. *Doehring*, Die allgemeinen Regeln des völkerrechtlichen Fremdenrechts (1963), S. 64 unter Hinweis auf *Gut*, Die fiskalischen und militärischen Vergehen im schweizerischen Auslieferungsrecht (1943).

[140] Hierzu *Schapiro*, Repatriation of Deserters, in: BYIL Bd. 29 (1952), S. 310 ff.

Erwägungen zum Schutze der Staatssicherheit zurück, wenn auch *humanitäre* Gründe eine gewisse Rolle spielten[141].

Was die Einhaltung eines vertraglich vereinbarten *Auslieferungsverfahrens* anbelangt, so ist jeder Staat berechtigt, auf die Erfüllung vertraglich vereinbarter Formen zu verzichten, *vorausgesetzt*, daß sein innerstaatliches Auslieferungsrecht ihn dazu ermächtigt[142]. Die Frage, welche Bedeutung insofern den Auslieferungsverträgen im nationalen Bereich zukommt, ist von Land zu Land verschieden zu beantworten[143]. An dieser Stelle genügt die Feststellung, daß — jedenfalls im völkerrechtlichen Bereich — Auslieferungsverträge die Befugnis der Staaten zur Auslieferung nicht beschränken, sondern ihre Ausübung erleichtern wollen[144].

Selbst wenn man annimmt, daß ein Auslieferungsvertrag sich nicht darin erschöpft, die Rechtsbeziehungen zwischen Staaten zu regeln, so besitzt er eben doch unstreitig *auch* diesen Charakter. In völkerrechtlicher Sicht bedeutet dies, daß die Staaten ihre im Vertrag niedergelegten Rechte aufgeben können. Soll dies verhindert werden, so bedarf es entsprechender Bestimmungen im nationalen Recht[145].

f) Ergebnis

Auf der Ebene des *Völkerrechts* ist davon auszugehen, daß im *vertragslosen* Raum die Auslieferung flüchtiger Verbrecher keinen weitergehenden Einschränkungen unterliegt als deren Ausweisung und Abschiebung. Völkerrechtlich anerkannt ist das *Recht des Zufluchtsstaates*, flüchtigen Ausländern in seinem Territorium Asyl zu gewähren, soweit der Staat sich nicht einem anderen Staat gegenüber zur Auslieferung verpflichtet hat.

---

[141] *Doehring*, Die Regeln des völkerrechtlichen Fremdenrechts (1963), S. 64.

[142] *Schultz*, Das schweizerische Auslieferungsrecht, S. 160. Vgl. den Bescheid des Landesverwaltungsgerichts Köln v. 28. 10. 1957 — 4 K 367/56, wo der vom Kläger geltend gemachte Rechtsanspruch darauf, in einem hierfür vorgesehenen Verfahren ausgeliefert zu werden, ausdrücklich abgelehnt worden ist.

[143] *van Panhuys*, Le traité d'extradition en tant que source de droit pour les individus, S. 58. Wegen der *amerikanischen* Praxis siehe *Hyde*, International Law, Chiefly as interpreted and applied by the United States, Bd. 1 (1947), S. 233.

[144] Dem widerspricht auch nicht die Feststellung von *Garcia-Mora*, daß „... neither the asylum nor the requesting state is rearly authorized to depart in any way from the forms upon which an agreement has been reached" (Indiana Law Journal Bd. 32 [1957], S. 428). Denn *vereinbart* ist die Form eben *nur für* den Fall der Inanspruchnahme eines Vertragspartners durch den andern auf *Erfüllung* der vertraglich begründeten Pflichten. Eine über diese Pflicht hinausgehende *freiwillige* Leistung wird durch den Vertrag aber nicht ausgeschlossen.

[145] *van Panhuys*, ibid. (oben Anm. 143), S. 74.

Auslieferungsverträge begründen und begrenzen eine Verpflichtung zur Auslieferung, beschränken aber nicht die bereits nach allgemeinem Völkerrecht bestehende Auslieferungs*befugnis* der beteiligten Staaten in deren Verhältnis zueinander. Schon wegen der ihnen innewohnenden Zielsetzung, den grenzüberschreitenden Rechtshilfeverkehr zu erleichtern, kann eine über die vertragliche Verpflichtung hinausgehende Erfüllung eines Auslieferungsersuchens nicht als vertragswidrig angesehen werden.

Eine *Beschränkung der Ausweisungs* und *Abschiebungsbefugnis* des Aufenthaltsstaates kann sich *aus* einem *Auslieferungsvertrag* allerdings in zwei Richtungen ergeben: *zum einen* darf die Erfüllung einer vertraglichen *Auslieferungspflicht* nicht durch Ausweisung oder Abschiebung des Verfolgten, insbesondere in einem dritten Staat, vereitelt werden. Zum andern kann die durch Zusicherung der *Spezialität* eingegangene Verpflichtung des ersuchenden Staates, mit dem Verfolgten nur im Rahmen der Auslieferungsbewilligung zu verfahren, seine Ausweisung und Abschiebung in einen dritten Staat verbieten, wenn die Auslieferung im gleichen Falle die Spezialitätsgarantie verletzen würde.

3. Das Verhältnis von Auslieferung und Ausweisung im Lichte neuerer Übernahmeabkommen

Ein von den bisherigen Überlegungen abweichendes Ergebnis folgt auch nicht aus den zur Regelung des Abschiebungsverkehrs von der Bundesrepublik Deutschland mit anderen, insbesondere angrenzenden Staaten geschlossenen *Übernahme-* oder *Schubabkommen*[146]. Durch diese Abkommen wird die nach allgemeinem Völkerrecht nur bei *eigenen* Staatsangehörigen bestehende Übernahmepflicht auf einen darüberhinausgehenden Personenkreis erstreckt.

Eine derartige Verpflichtung kann sich auch aus *Sichtvermerksabkommen*, wie z. B. dem *deutsch-spanischen* vom 5. Mai 1959[147] ergeben. Auf Grund dieses Abkommens eingereiste Ausländer sind jederzeit formlos *zurückzuübernehmen*, selbst wenn die Staatsangehörigkeit im Einzelfall bestritten ist.

---

[146] Bekanntmachung deutscher Abkommen mit: *Belgien* vom 10. Februar 1953 (BAnz. 1953 Nr. 65); *Dänemark* vom 22. Juni 1954 (BAnz. 1954 Nr. 120); *Frankreich* vom 23. März 1960 (BAnz. 1960 Nr. 63); *Luxemburg* vom 18. Dezember 1957 (BAnz. 1958 Nr. 2); den *Niederlanden* vom 6. Dezember 1958 (BAnz. 1959 Nr. 15); *Norwegen* vom 23. April 1955 (BAnz. 1955 Nr. 84); *Österreich* vom 25. August 1961 (BAnz. 1961 Nr. 169); *Schweden* vom 22. Juni 1954 (BAnz. 1954 Nr. 120); der *Schweiz* vom 20. Januar 1955 (BAnz. 1955 Nr. 19).
[147] GMBl 1959, S. 262.

a) Vorbehaltsklauseln zugunsten des Auslieferungsrechts

Im Hinblick auf mögliche *Kollisionen mit dem Auslieferungsrecht* enthalten einige Übernahmeabkommen den ausdrücklichen *Vorbehalt*, daß von ihren Bestimmungen die innerstaatlichen Vorschriften und Verpflichtungen aus zwischenstaatlichen Verträgen über Auslieferung und Durchlieferung unberührt bleiben[148]. In diese Richtung weisen auch Bestimmungen wie die des Paragraphen II Abs. 3 des *deutsch-belgischen* Übernahmeabkommens. Danach erfolgt die Übernahme nicht, wenn die abzuschiebenden Personen einem Land angehören, mit dem der ersuchende Staat eine gemeinsame Grenze hat, „mit Ausnahme der Personen, die als Flüchtlinge weder in ihr Ursprungsland noch in das Land, aus dem sie geflohen sind, abgeschoben werden können[149].

Im *deutsch-österreichischen* Übernahmeabkommen lautet die entsprechende Bestimmung: „Die Übernahme [durch Österreich] erfolgt nicht, wenn die Person Angehöriger eines Nachbarstaates der Bundesrepublik Deutschland ist und in diesen Nachbarstaat ohne Verletzung der in der Bundesrepublik Deutschland geltenden Grundsätze über die Gewährung des Asylrechts abgeschoben werden kann."

Noch deutlicher werden mögliche Konflikte ausländerpolizeilicher Maßnahmen mit Grundsätzen des Auslieferungsrechts im Hinblick auf *polizeiliche Durchbeförderungen* berücksichtigt. So behalten sich die Parteien des *deutsch-französischen* Übernahmeabkommens vor, eine von der Gegenseite beantragte Durchbeförderung abzulehnen, wenn der betroffene Ausländer „in einem anderen Durchgangsstaat oder im Zielstaat der Gefahr der politischen Verfolgung ausgesetzt wäre oder eine Strafverfolgung oder Strafvollstreckung zu erwarten hätte, oder bei der Durchreise durch das Gebiet des die Durchbeförderung beantragenden Vertragsstaates einer Strafverfolgung oder Strafvollstreckung ausgesetzt wäre". Außerdem ist nach dem Abkommen in dem Antrag auf polizeiliche Durchbeförderung darzulegen, daß Gründe für eine Verweigerung der Durchbeförderung nicht bekannt sind. Zur Durchbeförderung übernommene Personen können zurückgegeben werden,

---

[148] So Art. 13 des *deutsch-französischen* Übernahmeabkommens; Art. 11 des *deutsch-niederländischen* Übernahmeabkommens (hier beschränkt sich der Vorbehalt auf die *„Verpflichtungen aus den zwischenstaatlichen Verträgen über die Auslieferung und Durchlieferung"*). Ebenso Abschnitt C Nr. 4 Satz 2 des *deutsch-österreichischen* Übernahmeabkommens; Abschnitt C Nr. 2 des *deutsch-schweizerischen* Übernahmeabkommens.

[149] Ebenso Abschnitt B Artikel II des *deutsch-dänischen* und Abschnitt B des *deutsch-norwegischen* sowie des *deutsch-schwedischen* Übernahmeabkommens. Ähnliche *Einschränkungen der Übernahmepflicht* finden sich auch im *deutsch-französischen, deutsch-luxemburgischen, deutsch-niederländischen* und *deutsch-schweizerischen* Übernahmeabkommen.

wenn nachträglich Tatsachen eintreten oder bekannt werden, die einer Durchbeförderung entgegenstehen[150].

Im *deutsch-niederländischen* Übernahmeabkommen erklären sich die Vertragspartner bereit, Anträgen auf polizeiliche Durchbeförderung gewisser Personen „*im Rahmen der geltenden Gesetze und Vorschriften* zu entsprechen"[151]. Der im übrigen den vorgenannten Bestimmungen entsprechende Vorbehalt der Ablehnung von Durchbeförderungsanträgen weist hier nur die Besonderheit auf, daß die Durchbeförderung abgelehnt werden kann, wenn die durchzubefördernde Person im Gebiet des Transitstaates wegen einer strafbaren Handlung verfolgt werden „*müßte*"[152].

Die erwähnten Bestimmungen der Übernahmeabkommen zeigen, daß die Staaten offenbar Wert darauf legen, *nicht* zur formlosen Übernahme oder Durchbeförderung von Personen *verpflichtet* zu sein, für deren Überstellung ein Auslieferungs- oder Durchlieferungsverfahren in Betracht kommt. Die Abkommen halten insofern alles *offen*, sie sagen insbesondere nicht, ob und in welchen Fällen dieser Art die Übernahme nicht nur abgelehnt werden *kann*, sondern *muß* bzw. gar *nicht erst beantragt werden darf*.

b) *Weite Auslegung des Vorbehalts zugunsten des Auslieferungsrechts*

Weitergehende Aussagen zum Verhältnis von Auslieferung und Ausweisung bzw. Abschiebung will Decocq dem Art. 13 des *deutschfranzösischen* Übernahmeabkommens und entsprechenden Bestimmungen anderer Abkommen entnehmen[153]. Art. 13 des *deutsch-französischen* Übernahmeabkommens[154] enthält den Vorbehalt, daß „*die innerstaatlichen Vorschriften und Verpflichtungen aus zwischenstaatlichen Verträgen über die Auslieferung und Durchlieferung*" von den Bestimmungen des Übernahmeabkommens unberührt bleiben sollen.

Decocq interpretiert diese Bestimmung dahin, daß nach dem Willen der Vertragspartner die Übernahme eines Ausgewiesenen im Ergebnis nicht auf die Wirkungen einer Auslieferung hinauslaufen dürfe. Des-

---

[150] Art. 4, 8 des *deutsch-französischen* Übernahmeabkommens.
[151] Art. 4 Abs. 1, Art. 8 Abs. 1 des *deutsch-niederländischen* Übernahmeabkommens.
[152] So auch Abschnitt A Nr. 5 und Abschnitt B Nr. 6 des *deutsch-österreichischen* Übernahmeabkommens.
[153] *Decocq*, La livraison des delinquants en dehors du droit commun de l'extradition, in: Revue critique de droit international privé Bd. 53 (1964), S. 411 ff.
[154] BAnz. 1960 Nr. 63.

halb verpflichte sich der um Übernahme ersuchte Staat gegenüber dem ersuchenden Staat, den Betroffenen nicht wegen vor der Ausweisung bzw. Übernahme begangener Delikte zu verfolgen: „Ainsi se trouve écarté le risque d'une réticence de l'Etat requis ou de tractations tendant à inverser les rôles apparents de l'Etat réquérant et de l'Etat requise et telles manoeuvres demeuraient sans effet[155]."

c) *Stellungnahme und Ergebnis*

Bei der Interpretation der von Decocq untersuchten Bestimmungen ist davon auszugehen, daß die Parteien eines Übernahmeabkommens darauf bedacht sein müssen, *keine zu weitreichenden Übernahmeverpflichtungen* einzugehen. Andererseits wollen sie, soweit sie Vertragsstaaten des Abkommens über die Rechtsstellung der Flüchtlinge vom 28. Juli 1951 sind, dazu beitragen, daß dessen Ziele verwirklicht werden. Deshalb wird in den Abkommen eine zunächst ausgeschlossene Übernahmepflicht schließlich doch anerkannt, wenn der Ausgewiesene oder sonst Abzuschiebende in anderen für die Übernahme in Betracht kommenden Staaten Verfolgungen ausgesetzt wäre, die ihn als politischen Flüchtling im Sinne des Abkommens über die Rechtsstellung der Flüchtlinge erscheinen ließen.

Der hinsichtlich der Bewilligungspflicht für *Durchbeförderungen* angebrachte Vorbehalt ist zur Vermeidung von Komplikationen erforderlich: ein Staat kann nicht ohne weiteres die Verpflichtung übernehmen, die Durchbeförderung eines von seinen Strafverfolgungs- bzw. Strafvollstreckungsbehörden verfolgten Ausländers zu dulden, wenn die gleichen Behörden nach innerstaatlichem Recht zur Strafverfolgung oder Strafvollstreckung verpflichtet sind. Daß gerade an diesen Fall gedacht ist, bringt das *deutsch-niederländische* Übernahmeabkommen in Art. 4 Abs. 2 ganz klar zum Ausdruck: „Die Durchbeförderung *kann abgelehnt* werden, wenn (die Person) im Gebiet der BRD wegen einer strafbaren Handlung *verfolgt werden müßte;* den Behörden des Königsreichs der Niederlande ist davon vor der Durchbeförderung Kenntnis zu geben[156]."

In allen diesen Fällen, aber auch dann, wenn die Person in einem weiteren Durchgangsstaat oder im Zielstaat der Gefahr der politischen Verfolgung ausgesetzt wäre oder eine Strafverfolgung zu erwarten hätte, ist *nicht* die *Bewilligung* der Durchbeförderung schlechthin, *sondern nur* die *Pflicht* des ersuchten Staates *zur Erteilung der Bewilligung* ausgeschlossen und die Möglichkeit eröffnet, trotz erteilter

---

[155] *Decocq,* ibidem (Anm. 153 oben), S. 432
[156] BAnz. 1959 Nr. 15 (Hervorhebungen vom Verfasser).

III. Schranken der Abschiebung strafrechtlich Verfolgter 73

Bewilligung zur Durchbeförderung übernommene Personen an den ersuchenden Staat zurückzugeben, wenn *nachträglich* Tatsachen eintreten oder bekannt werden, die einer Durchbeförderung entgegenstehen. Auf diese Weise wird sichergestellt, daß den Anforderungen des innerstaatlichen Rechts in jedem Falle Rechnung getragen werden kann und Kollisionen mit internationalen Verpflichtungen aus Auslieferungsverträgen vermieden werden.

Nur so ist auch der Vorbehalt des Art. 13 des deutsch-französischen und ähnlicher Bestimmungen anderer Übernahmeabkommen zu verstehen: *Sie ermöglichen es, Auslieferung und Abschiebung auseinander zu halten,* sie enthalten aber *nicht das von Decocq daraus abgeleitete Verbot der Vermischung beider Institute.* Ob und unter welchen Voraussetzungen eine entsprechende Trennung und Unterscheidung geboten ist, kann sich nur aus dem *innerstaatlichen Recht* selbst ergeben[157].

III. Vom Auslieferungsrecht unabhängige völkerrechtliche Schranken der Ausweisung und Abschiebung eines strafrechtlich Verfolgten in den Verfolgerstaat

Die vorangegangenen Untersuchungen haben gezeigt, daß *Ausweisung* und *Auslieferung im Völkerrecht* selbst bei Vorliegen eines Auslieferungsvertrages als *selbständige,* einander *gleichrangige* Institutionen mit jeweils *eigenen* Voraussetzungen anzusehen sind. Wird angesichts einer Ausweisung oder Abschiebung von *verschleierter Auslieferung* gesprochen, so wird damit zumeist das Vorliegen eines die fragliche Maßnahme rechtfertigenden, völkerrechtlich anerkannten Ausweisungsgrundes bestritten oder Ausweisung und Abschiebung werden im konkreten Fall als willkürlich, rechtsmißbräuchlich oder unverhältnismäßig hingestellt. *Verschleierte Auslieferung* bedeutet dann, daß im Wege einer an sich *nicht gerechtfertigten Ausweisung* und Abschiebung das Strafbegehren eines fremden Staates gefördert und damit eine *Auslieferung außerhalb des dafür vorgesehenen Verfahrens* herbeigeführt wird. Zur Verdeutlichung der Rechtslage ist der Akzent in einem solchen Falle nicht so sehr auf die Mißachtung des Auslieferungsverfahrens als vielmehr auf die *Überschreitung der Ausweisungsbefugnis* des Aufenthaltsstaates zu legen.

1. Willkürverbot

Daß die aus der Souveränität der Staaten abgeleitete Befugnis zur Entfernung von Ausländern aus dem Staatsgebiet[158] *nicht grenzenlos*

---
[157] Hierzu unten D. und E.
[158] Grundsätzlich haben Ausländer keinen Anspruch auf Aufenthalt im

ist, ist im Völkerrecht anerkannt[159]. Dies ergibt sich in erster Linie aus dem *Willkürverbot*, mit dessen Ausbildung das völkerrechtliche Fremdenrecht wohl den wichtigsten Beitrag zur Entwicklung der Menschenrechte geleistet hat: Ein Staat darf mit den in seinem Hoheitsgebiet weilenden Fremden nicht nach seinem willkürlichen Belieben verfahren[160].

Dieser Grundsatz gilt insbesondere für die Fernhaltung oder Entfernung Fremder vom Staatsgebiet, gleichviel ob sie im Wege der Auslieferung[161] oder der Ausweisung[162] geschieht. Die Freiheit des Staates in der Behandlung von Ausländern ist begrenzt durch seine *internationalen Verpflichtungen*[163]. Überschreitet der Aufenthaltsstaat diese Grenzen, so setzt er sich Demarchen oder gar Ansprüchen des Heimatstaates des Fremden aus, dessen Rechte verletzt wurden[164].

Diese gefestigte Rechtsauffassung spiegelt sich in der Ausübung *diplomatischen Schutzes* und in der *Praxis der internationalen Schiedsgerichte* wider[165]. Die traditionelle Auffassung, daß die Ausweisungsbefugnis dem Aufenthaltsstaat als logische und notwendige Folge der Souveränität absolut schrankenlos und zu willkürlichem Gebrauch zur Verfügung stehe, ist längst aufgegeben. Das gewandelte Verständnis des Souveränitätsbegriffs[166] hat diese Rechtslage nur verdeutlicht.

Im Bereich des *Fremdenrechts* besagt das völkerrechtliche Willkürverbot, daß Ausweisung und Abschiebung von Ausländern nicht ohne

---

fremden Staatsgebiet: BVerfGE 3, 235; vgl. *Jellinek*, Die Bundesverweisung, in: Festschrift für Bilfinger (1954), S. 109, 111.

[159] Vgl. *Doehring*, Stichwort „Ausweisung", in: WVR Bd. 1 (1960), S. 130; *Wengler*, Völkerrecht Bd. 2 (1964), S. 1002; *Guggenheim*, Völkerrecht I (1948), S. 321; *Fauchille*, Le droit international public Bd. 1 (1922), Nr. 444, 445, 450.

[160] *Doehring*, Die allgemeinen Regeln des völkerrechtlichen Fremdenrechts (1963), S. 87 ff. mit Hinweis auf die *dissenting opinion* von Altamira im Lotus-Fall, StIGH, Arrêt Nr. 9 v. 7. 9. 1927, Série A, Nr. 10, S. 103. Siehe auch die amtliche Begründung zum Entwurf des Ausländergesetzes, BT-Drs. IV/868, S. 9 (r. Sp.).

[161] Vgl. z. B. BVerfGE 4, 322.

[162] *Doehring*, Die allgemeinen Regeln des völkerrechtlichen Fremdenrechts (1963), S. 60 f.

[163] Derartige Verpflichtungen ergeben sich z. B. aus *Niederlassungsabkommen* bzw. *Schiffahrts- und Freundschaftsverträgen*. Siehe hierzu § 55 Abs. 3 AuslG, der einen Vorbehalt zugunsten der Bestimmungen von völkerrechtlichen Verträgen enthält.

[164] Vgl. *Doehring*, Die allgemeinen Regeln des völkerrechtlichen Fremdenrechts (1963), S. 61.

[165] Vgl. *deBoeck*, L'expulsion des étrangers et les difficultés internationales qu'en soulève la pratique, in: Rec. des Cours Bd. 18 (1927 III), S. 443 ff., 460.

[166] Siehe *Bindschedler*, Betrachtungen über die Souveränität, in: Festschrift für Guggenheim 1968, S. 167 ff.

III. Schranken der Abschiebung strafrechtlich Verfolgter

jeden Grund vorgenommen werden dürfen[167]. Da die nach Völkerrecht zur Ausweisung berechtigenden Gründe nicht erschöpfend aufgezählt werden können, gewinnt der Willkürbegriff an Bedeutung, je weniger detailliert die Ausweisungsgründe umschrieben sind: „Es bleiben hier immer Ausweisungsgründe offen, die nur durch die Bezugnahme auf den Willkürbegriff inhaltlich näher begrenzt werden können. Zugleich trägt der Willkürbegriff der allseits zugegebenen Wandlungsmöglichkeit der zur Ausweisung berechtigenden Gründe Rechnung und bietet als ein inhaltlich gedachter Begriff auch die sichere Gewähr dafür, daß der in dem Ausweisungsbefehl von den Verwaltungsbehörden formell angegebene Grund auch tatsächlich materiell zu Recht besteht[168]."

Grundlage jeder Ausweisung ist letztlich das Recht des Aufenthaltsstaates, sich gegen Gefahren zu schützen, die der Aufenthalt von Fremden mit sich bringt[169]. Aus der Reihe der völkerrechtlich anerkannten Ausweisungsgründe[170] hat bereits *de Boeck* die Verurteilung wegen gemeinrechtlicher Straftaten als „la source la plus féconde et la moins contestée d'expulsions" hervorgehoben[171]. Auch heute noch dürfen selbst die durch das Abkommen über die Rechtsstellung der Flüchtlinge vom 28. Juli 1951[172] privilegierten Personen in einen Staat abgeschoben werden, in dem ihr Leben oder ihre Freiheit wegen ihrer Rasse, Religion Staatsangehörigkeit, ihrer Zugehörigkeit zu einer bestimmten sozialen Gruppe oder wegen ihrer politischen Überzeugung bedroht ist, sofern sie wegen eines besonders schweren Verbrechens rechtskräftig verurteilt worden sind[173]. So mag es zur Aufrechterhaltung der staatlichen

---

[167] Vgl. *de Boeck*, L'expulsion et les difficultés internationales qu'en soulève la pratique, Rec. des Cours Bd. 18 (1927 III), S. 443 ff., 485 f.

[168] *Leibholz*, Das Willkürverbot im Völkerrecht (1929), S. 19.

[169] *de Boeck* qualifiziert das Recht des Staates, Fremde auszuweisen, als „modalité du droit de conservation et de sauvegarde", zu dessen Wahrnehmung nur „considérations tirées du bien public" anregen dürfen: L'expulsion et les difficultés internationales qu'en soulève la pratique, in: Rec. des Cours Bd. 18 (1927 III), mit Nachweisen aus der Schiedspraxis, S. 443 ff., 479 f., 485; vgl. *Blondel*, L'expulsion des étrangers (1930), S. 6—8.

[170] Siehe die Liste der von der Staatenpraxis anerkannten Ausweisungsgründe bei *Verdroß*, Völkerrecht (1964), S. 372: Gefährdung der Sicherheit und Ordnung des Aufenthaltsstaates; Beleidigung anderer Staaten; Gefährdung oder Beleidigung anderer Staaten; im Inland oder Ausland begangene strafbare Handlungen; wirtschaftliche Schädigung des Aufenthaltsstaates; verbotswidriger Aufenthalt im Inland. Vgl. auch die Aufstellung bei *O'Connell*, International Law, Bd. 2 (1965), S. 768.

[171] *de Boeck*, L'expulsion et les difficultés internationales qu'en soulève la pratique, in: Rec. des Cours Bd. 18 (1927 III), S. 443 ff., 533.

[172] BGBl. 1953 II, S. 559.

[173] Art. 33 Abs. 2 des Abkommens lautet: "The benefit of the present provision [gemeint ist das Verbot des ‚Refoulement' in Absatz 1] may not, however, be claimed by a refugee whom there are reasonable grounds for regarding as a danger to the security of the country in which he is, or who,

Sicherheit und Ordnung im Einzelfall auch geboten sein, einen flüchtigen Verbrecher wegen *im Ausland* abgeurteilter Straftaten auszuweisen.

Dies gilt jedoch nicht für eine Ausweisung, die speziell der Strafverfolgung oder Strafvollstreckung in einem anderen Staat zu dienen bestimmt ist. Entschleiert entpuppt sich eine solche Maßnahme als Auslieferung, die nach den für dieses Institut maßgeblichen Gesichtspunkten zu beurteilen ist[174]. Dagegen muß die Nebenabsicht des Aufenthaltsstaates, mit der Ausweisung gleichzeitig auch dem Verfolgerstaat Rechtshilfe zu leisten, eine im übrigen ausreichend begründete Ausweisung in der Regel *nicht* zweckentfremdet erscheinen lassen[175]. Freilich darf es der ausweisende Staat bei der *Durchsetzung* des Ausreisebefehls nicht gerade darauf anlegen, den flüchtigen Verbrecher ohne Notwendigkeit dem Verfolgerstaat in die Hände zu spielen. Denn damit würde die Rechtsgrundlage für eine Ausweisung verlassen[176].

2. Verbot des Rechtsmißbrauchs

Eng verwandt mit dem Willkürverbot ist das *Verbot des Rechtsmißbrauchs (abus de droit)*[177].

Das Bestehen einer allgemeinen Regel des Völkerrechts des Inhalts, daß „der Mißbrauch des Rechts, um auf einem rechtlichen Umweg oder Schleichweg zu einem vom Recht mißbilligten Ergebnis zu gelangen"[178], verboten sei, ist bestritten[179]. Für den Bereich des Fremdenrechts ist jedenfalls der Mißbrauch des Ausweisungsrechts zu anderen als den

---

having been convicted by a final judgment of a particularly serious crime, constitutes a danger to the community of that country."

[174] Vgl. Art. 16 der vom *Institut de Droit International* auf seiner Genfer Tagung 1892 beschlossenen ‚Règles internationales sur l'admission et l'expulsion des étrangers': „L'expulsé réfugié sur un territoire pour se soustraire à des poursuites au pénal, ne peut être livré, par voie detournée, à l'Etat poursuivant, sans que les conditions posées en matière d'extradition aient été dûment observées" (Annuaire Bd. 12 [1892—94], S. 222).

[175] Siehe *von Martitz*, Internationale Rechtshilfe in Strafsachen, Bd. 1 (1888), S. 33; Bd. 2 (1897), S. 64; vgl. *Schultz*, Schweizerisches Auslieferungsrecht (1953), S. 27.

[176] Noch strenger *Delius*, Die Ausweisung und Auslieferung des Freiherrn von Hammerstein, in: DJZ 1896, S. 104 ff., 105: „Die Ausweisung bezweckt nur Entfernung aus dem Staatsgebiete, weitere Zwecke damit zu verfolgen, ist unzulässig."

[177] Siehe *Politis*, Le problème des limitations de la souveraineté et la théorie de l'abus des droits dans les rapports internationaux, in: Rec. des Cours, Bd. 6 (1925), S. 5 ff.; *Schwarzenberger*, Uses and Abuses of the „Abuse of Rights" in International Law, in: Grotius Society, Transactions for the Year 1956, Bd. 42 (1957), S. 147 ff.

[178] *Maunz*, in: Maunz-Dürig, Grundgesetz (1964), Art. 25 Rdnr. 20.

[179] *Schüle*, „Rechtsmißbrauch", in: WVR Bd. 3 (1962), S. 69 ff.

III. Schranken der Abschiebung strafrechtlich Verfolgter 77

völkerrechtlich anerkannten Zwecken verboten[180]. Insoweit stimmt der Grundsatz mit dem bereits erwähnten Willkürverbot überein[181].

Der Nachweis dafür, daß Ausweisung und Abschiebung im konkreten Fall nicht ausschließlich oder zumindest überwiegend im eigenen Interesse und aus eigenem Antrieb des Aufenthaltsstaates erfolgen, dürfte in aller Regel schwer zu führen sein. Ein *Indiz* für kollusives Zusammenwirken der beteiligten Staaten kann aber doch gewissen äußeren Umständen entnommen werden: so ist es beachtlich, wenn der Zufluchtsstaat vor Ergreifung der fraglichen fremdenrechtlichen Maßnahme eine *Suchmeldung von Interpol*, ein vorläufiges *Festnahmesuchen* oder ein *Auslieferungsersuchen* erhalten hat. Hierbei kann es sich aber eben doch nur um Hinweise auf den Rechtshilfecharakter der als Ausweisung getarnten Maßnahme handeln.

Entscheidend ist letztlich immer noch, ob ein völkerrechtlich anerkannter Ausweisungsgrund tatsächlich gegeben und nicht nur vorgeschoben ist. Die bloße Tatsache, daß gegen den Betreffenden ein strafrechtliches Verfahren anhängig oder ein Strafurteil ergangen ist, genügt für sich allein insofern nicht. Das Recht zur Ausweisung begründet ein solcher Sachverhalt nur, wenn er eine Störung der öffentlichen Sicherheit und Ordnung nach innen oder nach außen darstellt[182].

3. Menschenrechte

Bereits 1892 beschloß das *Institut de Droit International* „règles internationales sur l'admission et l'expulsion des étrangers", in deren Präambel es über die zugrunde liegenden Erwägungen heißt: „... l'humanité et la justice obligent les Etats à n'exercer ce droit qu'en respectant, dans la mesure compatible avec leur propre sécurité, le droit et la liberté des étrangers qui veulent pénétrer sur le dit territoire ou qui s'y trouvent déjà...[183]." Schon auf einer früheren Sitzung des Instituts war von verschiedenen Seiten betont worden, daß es auf

---

[180] *de Boeck* hat dies für die Praxis der Schiedsgerichte nachgewiesen, Rec. des Cours Bd. 18 (1927 III), S. 443 ff., 460.
[181] Vgl. *Leibholz*, Das Willkürverbot im Völkerrecht (1929), S. 4.
[182] So heißt es z. B. in einer „Instruction de la direction de la Sûreté générale" vom 17. 8. 1908 (Bulletin du ministère de l'Interieure 1908, S. 461—2), daß zur Vermeidung mißbräuchlicher Ausweisungen von nur leicht bestraften Ausländern die Umstände des Einzelfalles geprüft werden müßten. Die Art des begangenen Delikts lasse allein noch nicht hinreichend erkennen, ob der Ausländer eine Gefahr für die öffentliche Sicherheit bedeute: „seule l'indication précise des circonstances dans lesquelles' ce délit a été commis peut permettre de s'en rendre compte, surtout lorsqu' il s'agit d'un condamné primaire."
[183] Resolution vom 9. 9. 1892 (Genf), in: Annuaire, éd. nouvelle Bd. 3, S. 219 ff.

völkerrechtlicher Ebene bei der Ausweisung darum gehe, das Prinzip der staatlichen Souveränität abzustimmen mit dem Gebot der Achtung der Menschenrechte[184].

Inhaltlich decken sich die allgemeinen Menschenrechte weitgehend mit dem fremdenrechtlichen Mindeststandard[185]. Auch eine aus Gründen der Staatssicherheit sachlich gebotene Ausweisung kann daher völkerrechtswidrig werden, wenn sie zu unmenschlicher Behandlung führt und diese unter Wahrung des Grundsatzes zumutbarer Verhältnismäßigkeit mit den dem ausweisenden Staat zur Verfügung stehenden Mitteln hätte vermieden werden können[186].

Die im westeuropäischen Schrifttum schon lange anerkannte Überzeugung, daß jede Ausweisung unter Beachtung der Grundsätze der Menschlichkeit und unter möglichster Wahrung der Interessen des Ausgewiesenen zu geschehen habe[187], gewinnt immer mehr Boden. Auf dieser Linie liegt ein Grundsatz, der sich unter dem Einfluß der Flüchtlingskonvention von 1951 herausgebildet hat und zunehmend Anerkennung und Eingang ins allgemeine Völkerrecht findet: Das Prinzip des *Nonrefoulement*. In der *Asyl-Deklaration* der Vollversammlung der Vereinten Nationen vom 14. Dezember 1967[188] ist der Grundsatz mit folgenden Worten in Artikel 3 niedergelegt worden:

1. No person referred to in article 1, paragraph 1 (= persons entitled to invoke article 14 of the Universal Declaration of Human Rights[189], including persons struggling against colonialism), shall be subjected to

---

[184] Siehe schon das am 8. 9. 1888 beschlossene „Projet de déclaration internationale relative au droit d'expulsion des étrangers", in: Annuaire de l'Institut de Droit International, Bd. 10 (1888—1889), S. 244 f.

[185] Siehe *Doehring*, Die allgemeinen Regeln des völkerrechtlichen Fremdenrechts (1963), S. 54 ff., 70 ff. Der Inhalt des Mindeststandards erscheint allerdings im Laufe der Zeit umfassender geworden zu sein, *Doehring*, Fordert das allgemeine Völkerrecht innerstaatlichen Gerichtsschutz gegen die Exekutive?, in: Gerichtsschutz gegen Exekutive, Bd. 3, S. 227 ff., 240. Siehe auch *Tomuschat*, Zur politischen Betätigung des Ausländers in der Bundesrepublik Deutschland (1968), S. 24 f.

[186] *Doehring*, Die allgemeinen Regeln des völkerrechtlichen Fremdenrechts (1963), S. 62.

[187] Siehe z. B. *Guggenheim*, Völkerrecht I (1948), S. 322; *Berber*, Völkerrecht I (1960), S. 392 f. Zum Vordringen der Menschenrechte im völkerrechtlichen Fremdenrecht allgemein siehe *Doehring*, Die Teilung Deutschlands als Problem des völker- und staatsrechtlichen Fremdenrechts (1968), S. 9 f.

[188] Declaration on Territorial Asylum, Resolution No. 2312 (XXII). Hierzu *Weis*, The United Nations Declaration on Territorial Asylum, in: The Canadian Yearbook of International Law (1969), S. 92 ff.

[189] Art. 14 der Allgemeinen Menschenrechtserklärung vom 10. 12. 1948 lautet: "(1) Everyone has the right to seek and to enjoy in other countries asylum from persecution. (2) This right may not be invoked in the case of prosecutions genuinely arising from non-political crimes or from acts contrary to the purposes and principles of the United Nations."

measures such as rejection at the frontier or, if he has already entered the territory in which he seeks asylum, expulsion or compulsory return to any State where he may be subjected to persecution.

2. Exception may be made to the foregoing principle only for overriding reasons of national security or in order to safeguard the population, as in the case of a mass influx of persons.

3. Should a State decide in any case that exception to the principle stated in paragraph 1 of this article would be justified, it shall consider the possibility of granting to the person concerned, under such conditions as it may deem appropriate, an opportunity, whether by way of provisional asylum or otherwise, of going to another State.

Dieser Grundsatz gilt jedoch nur für *Verfolgte* im Sinne des Artikel 14 der *Allgemeinen Menschenrechtsdeklaration* und für „Kämpfer gegen den Kolonialismus". Danach sind aber gerade die hier im Vordergrund der Untersuchung stehenden Personen vom Schutz ausgenommen, die einer Verfolgung ausgesetzt sind „genuinely arising from non-political crimes or from acts contrary to the purposes and principles of the United Nations"[189].

4. Besonderheiten bei der Abschiebung flüchtiger Verbrecher

Ist die Ausweisung angeordnet worden, so wird dem Betroffenen regelmäßig zunächst Gelegenheit gegeben, *freiwillig* das Land zu verlassen und seinen neuen Aufenthaltsort zu suchen. Richtet sich die Ausweisung gegen einen flüchtigen *Verbrecher,* so sind allerdings vor allem in zweierlei Hinsicht Besonderheiten zu beachten:

a) Grundsätze des freundlichen Verkehrs zwischen Staaten können gebieten, befreundete Staaten vor einem einreisenden flüchtigen Verbrecher zu warnen. Insbesondere wenn eine Übernahmepflicht auf Grund vertraglicher Vereinbarung besteht, kann die Verschweigung des Umstandes, daß es sich um einen flüchtigen Verbrecher handelt, unter gewissen Umständen als unfreundlicher Akt gewertet werden. Schon deshalb darf es dem Aufenthaltsstaat nicht völlig gleichgültig sein, über welche Grenzen der Ausgewiesene das Land verläßt[190].

b) Hinzukommt, daß der Kreis der zur Aufnahme eines flüchtigen Verbrechers bereiten Staaten naturgemäß sehr klein ist. Häufig dürfte hierfür nur der Heimatstaat des Betroffenen in Betracht kommen. Ist dieser *nicht* zugleich der Verfolgerstaat, so liegt der Fall einfach: Wenn eine Auslieferung dem Aufenthaltsstaat nach innerstaatlichem Recht versagt ist, kann der flüchtige Straftäter in seinen Heimatstaat abgeschoben werden, der nach Völkerrecht zur Aufnahme seiner Bürger

---

[190] Vgl. *Trautvetter,* Die Ausweisung von Ausländern durch den Richter im schweizerischen Recht, S. 90.

verpflichtet ist. Eine zwangsweise Abschiebung des Ausgewiesenen in den Verfolgerstaat wäre in einem solchen Falle regelmäßig gar nicht erforderlich. Die Erwägung, daß der Verfolgte auf diese Weise der Strafverfolgung völlig entzogen werden kann, weil z. B. der Heimatstaat eigene Staatsangehörige nicht ausliefert, gehört in den Bereich des internationalen Rechtshilfeverkehrs, paßt aber nicht in den Rahmen des Fremdenpolizeirechts.

Zu einer anderen Beurteilung könnte allerdings die Berücksichtigung der *Kostentragungsfrage* nötigen: liegt der Heimatstaat weit vom Aufenthaltsstaat entfernt und ist er zur Übernahme der Heimschaffungskosten nicht bereit, so fragt sich, ob nicht die Abschiebung in den möglicherweise nahegelegenen Verfolgerstaat gerechtfertigt ist, wenn alle anderen Nachbarstaaten die Übernahme ablehnen und die freiwillige Ausreise des Betroffenen in einen anderen Staat nicht in Betracht kommt.

Diese Fallgestaltung gleicht derjenigen, daß der allein für die Übernahme in Betracht kommende Heimatstaat zugleich der Verfolgerstaat ist. Hier ist die Abschiebung in den Verfolgerstaat zur Durchsetzung des Ausreisebefehls erforderlich, wenn der Betroffene den Aufenthaltsstaat nicht freiwillig verläßt. Zu erwägen ist dann aber, ob die nach Völkerrecht ins staatliche Ermessen gestellte Entscheidung über die Durchsetzung einer Ausweisung nicht als *willkürlich* angesehen werden muß, wenn die dem Abgeschobenen drohenden Verfolgungsmaßnahmen außer jedem Verhältnis stehen zu dem tatsächlichen Gewicht der durch den Betroffenen verursachten Störung von Sicherheit und Ordnung des Aufenthaltsstaates.

IV. Ergebnis

Ausweisung und Abschiebung strafrechtlich verfolgter Ausländer in den Verfolgerstaat unterliegen unabhängig vom Auslieferungsrecht eigenständigen völkerrechtlichen Grenzen (Verbot der *Willkür*, des *Rechtsmißbrauchs* und Achtung der *Menschenrechte*).

Gerade für die Beurteilung einer Ausweisung und Abschiebung eines *strafrechtlich* verfolgten Ausländers sind menschenrechtliche Erwägungen maßgeblich. An der Entwicklung der Menschenrechte aus dem völkerrechtlichen Fremdenrecht ist das Auslieferungsrecht, das zwar in erster Linie von souveränitätsbetonten Interessen der Staaten bestimmt ist, nicht unbeteiligt gewesen. Von den Staaten zunächst aus staatspolitischem Eigeninteresse vereinbarte Regelungen, die zugleich das betroffene Individuum begünstigen, haben an der Heranbildung allgemeiner Regeln des völkerrechtlichen Fremdenrechts mitgewirkt. Die

IV. Ergebnis

aus einem Sonderbereich der zwischenstaatlichen Beziehungen hervorgegangenen Grundsätze des Auslieferungsverkehrs besitzen allerdings keine unmittelbare Geltung für den Umfang der aus der Souveränität fließenden polizeirechtlichen Befugnis jeden Staates zur Entfernung von Ausländern aus seinem Gebiet. Entsprechendes gilt nur für die Grundsätze, die sich von dem engeren Bereich des internationalen Rechtshilfeverkehrs abgehoben und die Qualität allgemeiner Regeln des völkerrechtlichen Fremdenrechts erlangt haben.

Gegen eine zwangsweise Verbringung in den Verfolgerstaat erscheint nur der *politisch* Verfolgte völkerrechtlich schutzwürdig. Hinsichtlich *strafrechtlicher* Verfolgung geht die Tendenz in der Staatenpraxis eindeutig dahin, die internationale Rechtshilfe zu erleichtern und zu vereinfachen. Es würde dieser Entwicklung zuwiderlaufen, wollte man den wegen strafrechtlicher Verfehlungen fremdenpolizeilich Ausgewiesenen, den im Bestimmungsland strafrechtliche, nicht politische Verfolgung erwartet, deswegen vor einer Abschiebung in diesen Staat schützen.

Die Forderung, eine Abschiebung in den Verfolgerstaat müsse von der *Verpflichtung des Bestimmungslandes* abhängig gemacht werden, den Betroffenen *wegen früherer Taten nicht* oder nur in gewissem Umfang *zu verfolgen*, hätte eine *erhebliche Erschwerung von Abschiebungen* zur Folge. Derartige *dem Auslieferungsrecht eigene* Einschränkungen (*Spezialitätsprinzip*[191]) können wegen der Interessenlage der Beteiligten *nur im Rahmen einer Auslieferungsbeziehung* durchgesetzt werden, nicht aber dann, wenn der Aufenthaltsstaat zur Wahrung erheblicher eigener Belange auf die Übernahme des Ausgewiesenen durch den Verfolgerstaat angewiesen ist.

---

[191] Hierzu unten D. I. 2.

D. Das Verhältnis von Auslieferung und Ausweisung im Lichte der Auslieferungsvoraussetzungen des Deutschen Auslieferungsgesetzes

Ein genereller Vorrang des Auslieferungsrechts im Verhältnis von Auslieferung und Ausweisung strafrechtlich verfolgter Ausländer konnte für den Bereich des Völkerrechts *nicht* nachgewiesen werden. Zu prüfen ist nun, ob das *innerstaatliche* Auslieferungsrecht eine andere Beurteilung gebietet[1]. Dies könnte insbesondere dann der Fall sein, wenn die einzelnen gesetzlichen Auslieferungsvoraussetzungen und -beschränkungen über den Bereich des Auslieferungsverfahrens hinaus wegen ihres besonderen Schutzzweckes Geltung auch im Fremdenpolizeirecht beanspruchen würden. Entsprechend dem durch die Allgemeine Verwaltungsvorschrift zur Ausführung des Ausländergesetzes vorgegebenen Ansatz[2] soll daher untersucht werden, ob die den Auslieferungsvoraussetzungen zugrunde liegenden Erwägungen auch bei einer *Ausweisung* und Abschiebung strafrechtlich verfolgter Ausländer Beachtung verlangen.

I. Der Zweck der Anforderungen des DAG an die zwischenstaatlichen Rechtsbeziehungen

1. Der Grundsatz der Gegenseitigkeit

Der die zwischenstaatlichen Beziehungen in weitem Umfang beherrschende Grundsatz der *Gegenseitigkeit*[3] ist naturgemäß in erster Linie *zweiseitig* ausgestalteten Rechtsgeschäften zugeordnet. Er hat sich daher bislang auch immer im Bereich der Auslieferung, einer — wie

---

[1] Hierzu *Vogler*, Auslieferungsrecht und Grundgesetz, S. 45: „Zwar ist es jedem Staat unbenommen, sich durch Auslieferungsgesetze selbst Schranken für die Ausübung seines völkerrechtlich freien Ermessens zu setzen. Die innerstaatlichen Auslieferungsgesetze regeln aber stets nur die Frage, ob der Staat ausliefern *darf*, sie besagen dagegen nichts darüber, ob er ausliefern *muß*. Auslieferungsgesetze beziehen sich nicht auf die Auslieferungspflicht gegenüber einem ausländischen Staat, sondern auf das staatliche Recht auszuliefern; ihre Bestimmungen normieren staatliche Rechte, nicht staatliche Pflichten."

[2] Vgl. Nr. 21 AuslGVwv zu § 13 AuslG.

[3] Allgemein zum Grundsatz der Gegenseitigkeit im Völkerrecht *Virally*, Le principe de réciprocité dans le droit international contemporain, in: Rec. des Cours Bd. 122 (1967), S. 1 ff.

I. 1. Gegenseitigkeit

bereits dargelegt worden ist[4] — zweiseitigen Rechtshilfehandlung, durchgesetzt[5].

Während *Ausweisung* und Abschiebung als im Kern *einseitige* Maßnahmen des Aufenthaltsstaates in erster Linie dessen Interessen zu dienen bestimmt sind, wird mit der *Auslieferung* ein Begehren des ersuchenden Staates erfüllt. Der ersuchte Staat handelt bei der Auslieferung, abgesehen von dem allgemein erstrebten Ziel flüchtige Verbrecher der gerechten Strafe zuzuführen, nur insofern im eigenen Interesse, als er selbst auch in die Lage des ersuchenden Staates geraten kann. Das Reziprozitätsprinzip dient, wie schon *Kraus* festgestellt hat[6], dem Interesse des ersuchten Staates „an der Durchführung künftiger, von ihm betriebener Auslieferungsverfahren und schützt ihn gleichzeitig vor Zumutungen von Leistungen, die ihm selbst nicht gewährt werden, d. h. vor einem Verhältnis der Ungleichheit vor dem anderen. So erweist es sich als eine Äußerung und Sicherung des großen, alle sozialen Beziehungen, insbesondere aber den Staatenverkehr beherrschenden do ut des-Prinzips, jener Maxime, die ihrerseits auf das oberste Fundament der Internationalgemeinschaft überhaupt, die Gleichheit und die mit ihr verbundene Gleichbehandlung zurückführt".

Da eine allgemeine Auslieferungspflicht nach Völkerrecht *nicht* anerkannt ist, liegt es nahe, daß der ersuchte Staat die Bewilligung der Auslieferung von der Zusicherung des ersuchenden Staates abhängig macht, daß dieser gegebenenfalls zu den gleichen Bedingungen ausliefern werde[7]. Das Festhalten der Staaten am Gegenseitigkeitsprinzip im Auslieferungsverkehr ist in einem nationalen Souveränitätsbewußtsein begründet, das eher einen flüchtigen Verbrecher unbestraft lassen als eine Leistung erbringen wollte, zu der nicht auch der andere Staat verpflichtet war[8]. Dieser dem gegenwärtigen Stand der internationalen Beziehungen nicht mehr gerecht werdenden Haltung wird nunmehr zunehmend das Prinzip der internationalen Solidarität in der grenzüberschreitenden Verbrechensbekämpfung entgegenhalten[9]. Dem ent-

---

[4] Siehe oben C. I. 3.

[5] § 4 DAG: „Die Auslieferung ist nicht zulässig: 1. wenn die Gegenseitigkeit nicht verbürgt ist."

[6] *Kraus*, Gegenwärtiger Stand und künftige Ausgestaltung des Auslieferungsrechts, in: Verhandlungen des 34. Deutschen Juristentages, Bd. 2, S. 302 ff. (330).

[7] Vgl. Harvard Law School, Draft Convention on Extradition, in: AJIL Bd. 29 (1935), Suppl., Introductory Comment, S. 32.

[8] *Kreppel*, Verfassungsrechtliche Grenzen der Auslieferung und Ausweisung (1966), S. 28; *Herlan*, Aus der neueren Rechtsprechung zum Rechtshilfeverkehr mit dem Ausland in Strafsachen, in: JZ 1966, S. 174 (176).

[9] Siehe insbesondere *Jescheck*, Die internationale Rechtshilfe in Strafsachen in Europa, in: ZStW 66 (1954), S. 518 (520 f.). Schon in seiner Resolution v.

spricht auch die zurückhaltende Resolution des *10. Internationalen Strafrechtskonkresses* in Rom vom September 1969[10].

Soweit der Grundsatz der Gegenseitigkeit im Auslieferungsrecht anerkannt ist, dient er staatlichen Interessen und ist nicht dazu bestimmt, Rechte des betroffenen Individuums zu schützen oder dessen Interessen Rechnung zu tragen[11]. Mit dieser Feststellung wird nicht in Abrede gestellt, daß das Gegenseitigkeitsprinzip ein wirksames Instrument in der Hand eines Staates sein kann, der seine Strafrechtsvorstellungen gegenüber anderen Staaten durchsetzen und seinem *ordre public* über die Grenzen hinweg Nachachtung verschaffen will, was sich in der Regel zum Vorteil des betroffenen Individuums auswirken mag. Hier geht es aber um das Gegenseitigkeitsprinzip als solches und noch nicht um die Schutzrichtung einzelner Auslieferungsverbote und -beschränkungen, die mit Hilfe dieses Prinzips abgesichert werden können.

Eine übergreifende Auswirkung des auslieferungsrechtlichen Gegenseitigkeitsprinzips im Fremdenpolizeirecht kommt nach alledem *nicht* in Betracht. Dem *Ausweisungsrecht* selbst ist der Grundsatz der Gegenseitigkeit in diesem Sinne naturgemäß fremd, da jeder Staat sich grundsätzlich die Entscheidungsfreiheit über den weiteren Aufenthalt von Fremden in seinem Staatsgebiet vorbehält[12]. Die Fremdenfreundlichkeit des einen Staates kann den anderen Staat nicht zum Verzicht auf eine sachlich gerechtfertigte Ausweisung zwingen[13], es sei denn, daß sich eine entsprechende Verpflichtung aus einem Niederlassungsvertrag oder ähnlichen Abkommen ergibt. Auch soweit die Übernahme abgeschobener Ausländer zwischen Staaten auf Gegenseitigkeitsbasis vereinbart wird[14], kann das auslieferungsrechtliche Gegenseitigkeitsprinzip wegen der umgekehrten Interessenlage — denn nun ist der Aufenthaltsstaat der ersuchende Teil — nicht zum Zuge kommen. Wird der Grundsatz der Gegenseitigkeit im Hinblick auf die Sicherstellung der Übernahme abgeschobener Ausländer erheblich, so handelt es sich

---

9. 9. 1880 (Tagung in Oxford) hatte das *Institut de Droit International* zum Ausdruck gebracht, daß „la condition de réciprocité, en cette matière, peut être commandée par la politique: elle n'est pas exigée par la justice". Annuaire, éd. nouvelle 1, S. 732 (733).

[10] Unter Nr. III. der Konklusion der 4. Arbeitsgruppe heißt es: „La condition de la réciprocité n'est pas commandée par la justice; il est souhaitable qu'elle ne soit pas maintenue comme règle rigide dans le droit extraditionnel."

[11] Hierzu *Vogler*, Auslieferungsrecht und Grundgesetz, S. 323 ff.

[12] Vgl. *von Martitz*, Internationale Rechtshilfe in Strafsachen, Bd. 2 (1897), S. 632; *Alphand*, L'expulsion des déserteurs, in: Revue de droit international privé et de droit pénal, Bd. 6 (1910), S. 35 ff. (47).

[13] *Doehring*, „Ausweisung", in: WVR Bd. 1 (1960), S. 131 (r. Sp.).

[14] Hierzu oben C. II. 3.

lediglich um die praktische Durchsetzung einer bereits verfügten Ausweisung, die die Frage nach der Zulässigkeit der Ausweisungsverfügung als solcher unberührt läßt.

2. Der Grundsatz der Spezialität

Nach § 6 DAG setzt die Auslieferung voraus, daß die ersuchende Regierung in rechtlich bindender Weise zugesagt hat, eine Strafverfolgung, Strafvollstreckung oder Weiterlieferung gegen den Ausgelieferten, soweit es sich um *vor* der Auslieferung begangene Taten handelt, nur wegen *der* Tat vorzunehmen, für die ihr die Auslieferung bewilligt ist, und ferner den Ausgelieferten aus vor der Auslieferung eingetretenen sonstigen Rechtsgründen keinen Beschränkungen seiner persönlichen Freiheit zu unterwerfen[15]. Nur bei Vorliegen einer entsprechenden Erklärung darf die Auslieferung für zulässig erklärt werden.

Es handelt sich hierbei um den „das Auslieferungsrecht beherrschenden Grundsatz, daß einem ausländischen Staat Strafverfolgungsbefugnisse nur in einem bestimmten Rahmen eingeräumt werden, und zwar unter der völkerrechtlich verbindlichen Verpflichtung, die Grenzen der eingeräumten Befugnis zu respektieren"[16]. Nach Maßgabe des § 6 DAG entfallen die genannten Verpflichtungen, wenn der Ausgelieferte im Gebiet der ersuchenden Regierung länger als einen Monat verweilt, obwohl er freigelassen ist, oder wenn er dorthin zurückkehrt, nachdem er es verlassen hatte, oder wenn er von der Regierung eines anderen Staates erneut dorthin ausgeliefert wird.

Während ältere deutsche Auslieferungsverträge den Grundsatz der „freien Spezialität", also nur eine Beschränkung der *Strafgewalt* des ersuchenden Staates, nicht aber seiner sonstigen, eine Freiheitsentziehung ermöglichenden Hoheitsbefugnisse enthielten[17], berühren die von § 6 DAG geforderten *Hoheitsbeschränkungen* des ersuchenden Staates, abgesehen von der Ausübung der Strafgewalt und der Auslieferungsbefugnis, auch die Entfaltung der allgemeinen Staatshoheit, soweit sie Freiheitsbeschränkungen zur Folge haben kann. Insofern geht das Deutsche Auslieferungsgesetz über das im zwischenstaatlichen Rechtshilfeverkehr schon früher allgemein und unbedingt Geforderte hinaus. Die Bestimmung schließt insbesondere aus, „daß unter dem Gesichtspunkt der Dienststrafgewalt oder der Militärhoheit dem Ausgelieferten Freiheitsbeschränkungen auferlegt werden, oder daß er aus

---

[15] Siehe die amtliche Begründung des Entwurfs des DAG, abgedruckt bei *Mettgenberg-Doerner*, DAG, S. 326 f.
[16] *Fabry*, Konkurrierende Auslieferungsersuchen, in: NJW 1967, S. 2342 (2345).
[17] *Mettgenberg-Doerner*, DAG, S. 325.

bürgerlich-rechtlichen Gründen in Haft genommen oder aus allgemeinen Sicherheitsgründen oder aus politischen Gründen in seiner Bewegungsfreiheit beschränkt wird (Schutzhaft)"[18].

Die danach zu vermutende Schutzrichtung der Norm des § 6 DAG spricht zunächst für die Annahme, daß der Spezialitätsgrundsatz vornehmlich eine Garantie zugunsten des Verfolgten darstelle[19]. Allerdings ist es eine Garantie, die nur im Rahmen des für eine Auslieferung typischen Rechtshilfeverhältnisses[20] zur Geltung gebracht werden kann. Denn nur dann, wenn der Verfolgerstaat an der Ergreifung des betreffenden Individuums nachhaltig interessiert ist, lassen sich seine Hoheitsbefugnisse so stark einschränkende Bedingungen aushandeln, wie sie das Spezialitätsprinzip verlangt. Die in diesem Rahmen völkerrechtlich verbindlich erteilte Spezialitätsgarantie kann den *ersuchenden* Staat unter Umständen auch daran hindern, den Ausgelieferten *auszuweisen* und in einen dritten Staat abzuschieben, wenn die Weiterlieferung des Verfolgten in diesen Staat das Spezialitätsversprechen im konkreten Fall verletzen würde. Denn das vertraglich begründete Gebot, jede nicht gestattete Weiterlieferung des Verfolgten zu unterlassen, darf nicht durch Einschaltung fremdenpolizeilicher Maßnahmen umgangen werden. Das Ausländergesetz trägt dieser Rechtslage durch § 55 Abs. 3 mit dem Vorbehalt zugunsten der Bestimmungen völkerrechtlicher Verträge Rechnung.

Die hier gestellte Frage zielt jedoch in eine andere Richtung: Verpflichtet § 6 DAG die deutschen Ausländerpolizeibehörden, das in dieser Bestimmung verankerte Spezialitätsprinzip auch *außerhalb* des Auslieferungsverfahrens bei der Ausweisung strafrechtlich verfolgter Ausländer zur Geltung zu bringen? Diese Frage ist zu bejahen, wenn im konkreten Fall die vom Gesetzgeber in § 6 DAG vorausgesetzte Interessenlage gegeben ist, wenn also die Bundesrepublik Deutschland mit der Entfernung eines Ausländers in erster Linie das Ersuchen eines auswärtigen Staates um Auslieferung des in ihrem Gebiet weilenden Verfolgten erfüllen will. Da der Staat durch die Gewährung von Rechtshilfe die hoheitliche Betätigung eines anderen Staates ermöglicht und diesem insoweit dient, will er sich andererseits vor Mißachtung seiner

---

[18] *Mettgenberg-Doerner*, DAG, S. 330.
[19] Vgl. BVerfGE 9, 174 (181 f.); Harvard Law School, Draft Convention on Extradition, Kommentar zu Art. 23, in: AJIL Bd. 29 (1935), Suppl., S. 215: "The rule of specialty was designed to safeguard the interests of the individuals concerned as well as those of the requested State ..."
[20] Siehe *Fabry*, Konkurrierende Auslieferungsersuchen, in: NJW 1967, S. 2342 ff. (2344): „Die Verpflichtung zur Wahrung der Spezialität entsteht in dem auf Auslieferung einer Person gerichteten völkerrechtlichen Rechtsgeschäft."

I. 2. Spezialität

eigenen Souveränität[21] dadurch schützen, daß er sich die Bestimmung des Umfangs der gegen den Ausgelieferten gerichteten Strafverfolgungs- oder -vollstreckungsmaßnahmen im Verfolgerstaat vorbehält. Deshalb muß auch der persönliche Verzicht des Ausgelieferten auf die ihn begünstigenden Auswirkungen des Spezialitätsprinzips bedeutungslos sein[22], solange nicht der aus der Zusicherung der Spezialität berechtigte Staat, nämlich der ersuchte Staat, einem solchen Verzicht Erheblichkeit verleiht[23].

Die Verbürgung der Spezialität läßt für einen durch die erklärte Zusicherung genau abgegrenzten Bereich eine Rechtslage entstehen, kraft deren der ersuchte Staat für den Ausgelieferten tätig werden kann ähnlich wie im Falle der diplomatischen Protektion der Heimatstaat, allerdings ohne Beschränkung auf Interventionen zugunsten der eigenen Staatsangehörigen. Eine Pflicht des Staates zur Ausübung der Protektion, zu deren Wahrnehmung er auf Grund der Spezialitätsverbürgung berechtigt ist, kann jedoch im Gegensatz zu der auf eigene Staatsangehörige beschränkten allgemeinen diplomatischen Protektion des Heimatstaates nicht angenommen werden, solange es sich um die Auslieferung fremder Staatsangehöriger handelt und deshalb das die Grundlage für die Pflicht zur Gewährung diplomatischen Schutzes abgegebene Treueverhältnis zwischen Staat und Schutzbedürftigem[24] fehlt. Das Deutsche Auslieferungsgesetz verpflichtet nur die für die Entscheidung über die Zulässigkeit und für die Bewilligung der *Auslieferung* zuständigen Behörden, eine Auslieferung von der Erfüllung der Voraussetzungen des § 6 DAG abhängig zu machen.

---

[21] Vgl. *Doehring*, Die allgemeinen Regeln des völkerrechtlichen Fremdenrechts (1963), S. 63.
[22] So *Mettgenberg-Doerner*, DAG, S. 338 gegen AG Braunschweig, U. v. 15. 4. 1935, in: DJ 1936, S. 582. Schon RGSt Bd. 34, S. 191 hatte die Wirksamkeit des Verzichts des Ausgelieferten auf Warung der Spezialität verneint. Die Erklärung des Verfolgten nach § 7 DAG, daß er mit der Auslieferung einverstanden sei, entbindet nicht von den unverzichtbaren gesetzlichen Auslieferungsvoraussetzungen. Sie beseitigt nur die Notwendigkeit, den gerichtlichen Beschluß über die Zulässigkeit der Auslieferung (§ 25 DAG) herbeizuführen, vgl. *Mettgenberg-Doerner*, DAG, S. 342.
[23] Ebenso ein Urteil des Obergerichts des Kantons Luzern v. 6. 11. 1962, abgedruckt in: Schweizerische Juristenzeitung 1964, S. 239 f. Soweit die Wirksamkeit des Verzichts auf die Wirkungen der individuellen Spezialität daraus folgt, daß der ersuchte Staat ihr Wirksamkeit beimißt, kann die Auffassung *Kimminichs* (Der internationale Rechtsstatus des Flüchtlings, S. 90) nicht geteilt werden, der die Praxis, den Verzicht des Ausgelieferten auf Einhaltung des Spezialitätengrundsatzes als wirksam anzuerkennen, als „völkerrechtswidrige Inkonsequenz" bezeichnet. Gleiches gilt für die Bedenken von *Garcia-Mora*, International Law and Asylum as a Human Right (1956), S. 131.
[24] Hierzu ausführlich *Doehring*, Die Pflicht des Staates zur Gewährung diplomatischen Schutzes (1959).

Wird also das betroffene Individuum durch den Spezialitätsgrundsatz zwar *im Rahmen der Auslieferung* geschützt, so ist diese Position nach der dargelegten engen Verknüpfung des Prinzips mit der die internationale Rechtshilfe kennzeichnenden Interessenlage der beteiligten Staaten[25] doch nicht so stark, gegebenenfalls ein das Ausweisungsrecht des Staates verdrängendes Asylrecht des Individuums zu erzeugen. Die angestellten Überlegungen dürften vielmehr gezeigt haben, daß der wesensmäßig dem Auslieferungsrecht zugeordnete Spezialitätsgrundsatz nichts mit dem sich nach ganz anderen Gesichtspunkten beurteilenden fremdenpolizeilichen Aufenthaltsrecht zu tun hat.

Demgegenüber sieht *Kreppel*[26] den Zweck des Spezialitätsgrundsatzes in erster Linie im Schutz des Verfolgten. Er zieht daraus die Schlußfolgerung, daß die Ausweisung in Fällen, in denen die Auslieferung mangels Spezialitätsverbürgung abgelehnt werden müßte, in aller Regel einen unverhältnismäßigen Eingriff in die Rechte des Betroffenen darstelle. Sie könne nur dann zulässig sein, wenn die den Abgeschobenen im Bestimmungsland erwartende Strafe oder sonstige Maßnahme neben dem den Staat zur Ausweisung veranlassenden Verhalten des Betroffenen nicht ins Gewicht falle und erhebliches öffentliches Interesse an der Ausweisung trotz der zu erwartenden Maßnahme bestehe, es sei denn, daß die Ausweisung aus sonstigen Gründen unzulässig sei, z. B. wegen Rechtsstaatswidrigkeit der zu erwartenden Maßnahme des Bestimmungslandes. Dem ist die oben getroffene Feststellung entgegenzuhalten, daß beim Spezialitätsprinzip die Wahrung der Rechte des Zufluchtsstaates im Vordergrund steht, während der Schutz des Individuums gleichsam nur einen Reflex darstellt[27].

Da die Frage der Zulässigkeit der Zustimmung zur Erweiterung der Strafverfolgung, Strafvollstreckung oder Weiterlieferung gemäß § 31 DAG im wesentlichen nach den gleichen Gesichtspunkten zu beurteilen ist wie die Zulässigkeit der Auslieferung selbst, kann insofern auf die Untersuchung der Wirksamkeit der einzelnen Auslieferungsverbote im Bereich des Fremdenpolizeirechts verwiesen werden. Dem in § 6 DAG niedergelegten Spezialitätsgrundsatz selbst kommt eine über den Bereich des Auslieferungsrechts hinausgreifende Eigenständigkeit nach der hier vertretenen Auffassung jedenfalls nicht zu.

---

[25] Siehe oben C. I. 4.
[26] *Kreppel*, Verfassungsrechtliche Grenzen der Auslieferung und Ausweisung (1966), S. 30.
[27] Vgl. z. B. für das amerikanische Recht U.S. Circuit Court of Appeals (2nd Circuit), Entscheidung v. 3. 12. 1934, in: Annual Digest 1933—1934, S. 338 ff.

II. Der Zweck einzelner materieller und formeller Auslieferungsvoraussetzungen des DAG

1. Der Grundsatz der beiderseitigen Strafbarkeit der Auslieferungstat

Eng verbunden mit dem Grundsatz der Gegenseitigkeit ist das *Prinzip der identischen Strafrechtsnorm* im Auslieferungsrecht[28]. Die Tat, derentwegen die Auslieferung begehrt wird, muß sowohl nach dem Recht des ersuchenden als auch nach dem Recht des ersuchten Staates strafbar sein und ein Auslieferungsdelikt darstellen, d. h. ein Delikt, das beide Staaten durch Vertrag oder Gesetz als auslieferungsfähig anerkannt haben[29].

Für das deutsche Recht folgt die Geltung dieses Prinzips abgesehen von vertraglichen Regelungen[30] aus § 1 DAG in Verbindung mit § 2 DAG. § 1 DAG macht die Zulässigkeit einer Auslieferung von der Strafbarkeit der zugrunde liegenden Tat nach dem Recht des ersuchenden Staates abhängig, indem er verlangt, daß der Verfolgte im Ausland wegen einer strafbaren Handlung verfolgt wird oder verurteilt ist. Gemäß § 2 Abs. 1 DAG muß die Auslieferungstat als Verbrechen oder Vergehen nach deutschem Recht strafbar sein. Bei der Prüfung dieser Voraussetzung wird der Tatbestand, der im Ausland zur Verurteilung führen soll oder geführt hat, regelmäßig nicht unverändert, sondern *„sinngemäß umgestellt"* zugrunde gelegt. Der Umstellung unterliegen hier vor allem *die* Teile des Sachverhalts, die unter die staats- und völkerrechtlichen Anknüpfungspunkte des gesetzlichen Tatbestandes zu subsumieren sind, also die, aus denen der ersuchende Staat im konkreten Falle seine Strafkompetenz herleitet. Anders könnte der ersuchte Staat nicht nachprüfen, ob auch er in einem entsprechenden Falle die Auslieferung begehren könnte[31]. Dahinter steht, wie bereits an anderer Stelle ausgeführt, der Grundsatz der Gegenseitigkeit[32].

Im *Auslieferungsrecht* führt die sogenannte sinngemäße Umstellung dazu, daß ausgeliefert werden kann bzw. werden muß, ohne daß im konkreten Fall ein eigener Strafanspruch des ersuchten Staates existie-

---

[28] Vgl. *Kraus,* Gegenwärtiger Stand und künftige Ausgestaltung des Auslieferungsrechts, in: 34. Deutscher Juristentag, Bd. 2 (1926), S. 302 ff. (350): „Das Reziprozitätsprinzip ist mit dem Grundsatz der entsprechenden oder beiderseitigen Strafbarkeit so innig verwandt, daß es sich beinahe von selbst aus ihm ergibt, und daß es schon deshalb wenigstens ebenso lange seine Berechtigung wie sein Zwillingsbruder behält."
[29] Hierzu neuerdings die ausführliche Studie von *Mörsberger,* Das Prinzip der identischen Strafrechtsnorm im Auslieferungsrecht (1969).
[30] Siehe die Nachweise bei *Mörsberger,* S. 51 ff.
[31] Vgl. *Mörsberger,* S. 69 f.
[32] Hierzu oben D. I. 1.

ren müßte³³. Das Vorhandensein eines originär eigenen Strafanspruchs des Aufenthaltsstaates wird im Gegenteil häufig eine in Betracht kommende Auslieferungspflicht beseitigen³⁴.

Dagegen setzt die *Ausweisung* als fremdenpolizeiliche Maßnahme nach § 10 AuslG jeweils eine Störung der inneren oder äußeren Sicherheit und Ordnung oder sonstiger Belange der Bundesrepublik voraus: „Durch die Ausweisung wird nicht ein bestimmtes menschliches Verhalten geahndet, sondern einer künftigen Störung der öffentlichen Sicherheit oder Ordnung oder einer künftigen Beeinträchtigung sonstiger erheblicher Belange der Bundesrepublik Deutschland vorgebeugt. Deshalb begründet eine strafrechtliche Verurteilung allein nicht bereits die Ausweisung. Die Ausweisung muß vielmehr zur Verhütung einer (erneuten) Beeinträchtigung erheblicher Belange der Bundesrepublik Deutschland erforderlich sein³⁵." Es muß sich also um eine konkrete Gefährdung, *nicht* aber um eine lediglich im Wege gedanklicher Operationen fingierte *abstrakte* Störungsgefahr handeln.

Der Grundsatz der beiderseitigen Strafbarkeit ist schon von daher speziell auf die Bedürfnisse des Auslieferungsverfahrens zugeschnitten. Das aus der „Idee der Selbstherrlichkeit der nationalen Strafrechtsvorstellungen" hervorgegangene Prinzip soll garantieren, daß ein Staat nicht zum Helfer bei der Durchführung eines fremden Strafanspruchs wird, den er selbst nach seiner eigenen Rechtsordnung nicht billigt³⁶. Wegen der den Auslieferungsverkehr einschränkenden Wirkung begünstigt das Prinzip der beiderseitigen Strafbarkeit in der Regel das betroffene Individuum. Darin findet es aber *nicht* seine *raison d'être*. Das in dem Grundsatz liegende Gebot an den ersuchten Staat, die Strafbarkeit der Auslieferungstat nach dem Recht des ersuchenden Staates zu beurteilen, dient vor allem der Sicherstellung des eigentlichen Zweckes der Auslieferung, der darin liegt, dem ersuchenden Staat die Durchsetzung seines Strafanspruchs zu ermöglichen³⁷. Da nach dem bereits behandelten Gegenseitigkeitsgrundsatz³⁸ eine Auslieferung nur

---

³³ *Mörsberger*, S. 71.
³⁴ *Mörsberger*, S. 72, Anm. 18.
³⁵ BVerwG, Urt. v. 11. 6. 1968, in: MDR 1969, Heft 3, S. 245 f. Auch Art. 112 Abs. 1 des Entwurfs des Allgemeinen Teils eines Strafgesetzbuchs (veröffentlicht vom Bundesministerium der Justiz, Bonn 1958) verlangte für die strafgerichtliche Anordnung der Ausweisung neben einer Mindestfreiheitsstrafe die Besorgnis, daß der Ausländer durch sein weiteres Verbleiben im Bundesgebiet die Allgemeinheit oder einzelne andere gefährden würde.
³⁶ *Kraus*, Gegenwärtiger Stand und künftige Ausgestaltung des Auslieferungsrechts, in: Verhandlungen des 34. Deutschen Juristentags, Bd. 2 (1926), S. 302 ff. (330).
³⁷ Vgl. *Mörsberger*, S. 76.
³⁸ Oben D. I. 1.

bewilligt wird, wenn im umgekehrten Falle auch die Bundesrepublik die Auslieferung verlangen könnte, ist es selbstverständlich, daß für die Bundesrepublik nur eine Auslieferung wegen solcher Taten in Betracht kommt, die auch nach deutschem Strafrecht strafbar und, worauf noch einzugehen sein wird, verfolgbar[39] wären. Auch in dieser Hinsicht ist das Auslieferungsverfahren eine Angelegenheit zwischen den beteiligten Staaten, kein Rechtsverhältnis zwischen dem ersuchten Staat und dem betroffenen Individuum[40].

Nach alledem kommt dem Prinzip der beiderseitigen Strafbarkeit eine selbständige, über den Bereich des Auslieferungsrechts hinausgehende und in den Bereich des Fremdenpolizeirechts hineinreichende Wirkung *nicht* zu. Zwar hängt die Zulässigkeit einer Auslieferung im Sinne des Auslieferungsgesetzes von der Beachtung dieses Grundsatzes ab. Von seiner Zweckrichtung her ist das Prinzip aber nicht so durchschlagskräftig, daß es *auf Grund anderer Rechtsgrundlagen ordnungsgemäß* verfügte fremdenpolizeiliche Maßnahmen allein deswegen unzulässig machen würde, weil in ihrem Gefolge eine mit Rücksicht auf das Prinzip der beiderseitigen Strafbarkeit nicht auslieferungsfähige Person in den Bereich der Strafhoheit des Verfolgerstaates gelangte.

2. Der Grundsatz der beiderseitigen Verfolgbarkeit der Auslieferungstat

Eine Ausweitung des Prinzips der identischen Norm bringt § 4 Nr. 2 DAG mit der Bestimmung, daß die Auslieferung nicht zulässig ist, wenn die Strafverfolgung oder Strafvollstreckung wegen der Tat nach deutschem Recht infolge Verjährung oder Gnadenerlasses oder aus anderen Gründen unzulässig sein würde.

Die Vorschrift ist ebenso wie § 2 DAG eine Folge der strengen Durchführung des Gegenseitigkeitsprinzips[41]. Wäre die Tat in der Bundesrepublik nicht strafbar oder strafrechtlich nicht verfolgbar, so könnte ihretwegen ein Auslieferungsersuchen deutscherseits aus Rechtsgründen nicht gestellt werden, und schon deswegen wäre die Gegenseitigkeit in solchen Fällen nicht gewährleistet[42]. Deshalb decken sich die dem § 4 Nr. 2 DAG zugrunde liegenden Erwägungen weitgehend mit der Zweckrichtung des Gegenseitigkeitsprinzips im Sinne von § 4 Nr. 1 DAG.

---

[39] Unten D. II. 2.
[40] *Mörsberger,* S. 76 (mit Nachweisen).
[41] Vgl. *Vogler,* Auslieferungsrecht und Grundgesetz, S. 195 f.
[42] Vgl. *Dahm,* Völkerrecht I (1958), S. 281: „Der Grundsatz der Doppelbestrafung, das Prinzip der identischen Norm ... stellt nur eine Anwendung des das ganze Auslieferungsrecht beherrschenden Grundsatzes der Gegenseitigkeit dar."

Aus den gleichen Gründen, wie sie für das Gebot der Gegenseitigkeit maßgeblich sind, fordert § 4 Nr. 2 DAG, daß die Tat bei sinngemäßer Umstellung[43] nach deutschem Recht verfolgbar sein würde. Wäre die Strafverfolgung unzulässig, weil z. B. der Verfolgte nach völkerrechtlichen Grundsätzen der deutschen Gerichtsbarkeit nicht unterworfen wäre oder weil Verjährung eingetreten, Niederschlagung erfolgt, Strafantrag nicht gestellt oder eine etwa erforderliche Verfolgungsermächtigung nicht erteilt ist, so darf auch die Auslieferung nicht bewilligt werden. Entsprechendes gilt für die Strafvollstreckung[44].

Wenn *Kreppel* den Zweck des § 4 Nr. 2 DAG im Schutz des Verfolgten sieht[45], so kann ihm nach dem Ergebnis der vorausgegangenen Untersuchung nur beschränkt zugestimmt werden. Eine richtige Einschätzung des Gewichts und der Reichweite dieser Auslieferungsvoraussetzung kann allein unter Berücksichtigung des ihr letztlich zugrunde liegenden Gegenseitigkeitsprinzips gefunden werden[46]. Soweit die Bundesrepublik ein Auslieferungsersuchen bewilligen und so einem anderen Staate Rechtshilfe leisten will, sind die hierfür zuständigen Behörden zu der mit einer Auslieferung verbundenen Aufgabe von Hoheitsrechten zugunsten des anderen Staates nur in den vom Gesetzgeber abgesteckten Grenzen ermächtigt. Daß Gleiches auch für die Ausweisung gelten müsse, läßt sich weder aus dem Völkerrecht noch aus deutschem Landesrecht begründen. Die unterschiedliche Interessenlage des Aufenthaltsstaates bei Auslieferung und Ausweisung spricht gegen eine solche Annahme.

Die Abgrenzung der den für den internationalen Rechtshilfeverkehr zuständigen Behörden übertragenen Befugnisse, wie sie sich aus dem Deutschen Auslieferungsgesetz ergibt, ist ganz auf die Besonderheiten und Erfordernisse der Auslieferung abgestellt. Das nach ausländerpolizeilichen Erwägungen zu beurteilende Aufenthaltsrecht von Fremden im Bundesgebiet ist dagegen nicht im Auslieferungsgesetz, sondern in besonderen ausländerpolizeilichen Vorschriften, seit 1965 im Ausländergesetz[47], geregelt. Eine selbständige, in diesen Bereich übergreifende Wirkung kommt dem § 4 Nr. 2 DAG nicht zu[48].

---

[43] Hierzu oben D. II. 1.

[44] Amtliche Begründung des Entwurfs des DAG, abgedruckt bei *Mettgenberg-Doerner*, DAG, S. 292.

[45] *Kreppel*, Verfassungsrechtliche Grenzen der Auslieferung und Ausweisung (1966), S. 291.

[46] Vgl. *Vogler*, Auslieferungsrecht und Grundgesetz, S. 195, S. 201 f., der sich kritisch mit den Thesen Kreppels auseinandersetzt.

[47] Ausländergesetz vom 28. 4. 1965, BGBl. I, S. 533. Siehe dazu *Doehring*, Neuregelungen des deutschen Fremdenrechts durch das „Ausländergesetz" von 1965, in: ZaöRV Bd. 25 (1965), S. 478 ff.

[48] Die Heranziehung von *Verfassungsrecht* führt zu keinem anderen Ergebnis, da dieses und speziell die Grundrechte sich unmittelbar und ohne

3. Der Grundsatz der Achtung deutscher Gerichtsentscheide

Nach § 4 Nr. 3 DAG ist die Auslieferung nicht zulässig, wenn für die Tat die deutsche Gerichtsbarkeit begründet und gegen den Verfolgten von deutschen Behörden ein Urteil erlassen oder die Eröffnung des Hauptverfahrens abgelehnt ist.

Die Vorschrift steht in engem Zusammenhang mit § 4 Nr. 2 DAG. Liegen nämlich die Voraussetzungen von § 4 Nr. 3 DAG vor, ist also die deutsche Gerichtsbarkeit begründet und gleichzeitig von deutschen Behörden in der bezeichneten Weise abschließend[49] entschieden worden, so wird im allgemeinen der Grundsatz des Verbrauchs der Strafklage *(ne bis in idem)* der Einleitung einer neuen Strafverfolgung im Wege stehen, diese und infolgedessen auch eine Auslieferung nach § 4 Nr. 2 DAG also unzulässig machen.

Ersucht ein ausländischer Staat die Bundesregierung um Auslieferung eines Verfolgten zur Strafvollstreckung, der wegen derselben Tat sowohl im Ausland als auch im Geltungsbereich des Ausländergesetzes verurteilt worden ist, so muß die Auslieferung mit Rücksicht auf § 4 Nr. 3 DAG abgelehnt werden. Andererseits sieht das Ausländergesetz von 1965 sowohl für den Fall inländischer als auch ausländischer Verurteilungen von gewisser Bedeutung die Ausweisung des Ausländers vor (§ 10 Abs. 1 Nr. 2 AuslG). Würde das Auslieferungsverbot des § 4 Nr. 3 DAG hier ins Ausländerpolizeirecht übergreifen, so käme man zu dem merkwürdigen Ergebnis, daß die Abschiebung eines auf Grund des § 10 Abs. 1 Nr. 2 AuslG Ausgewiesenen in den Verfolgerstaat unzulässig wäre, obwohl beide Tatbestände[50] des § 10 Abs. 1 Nr. 2 AuslG zugleich vorliegen. Nach *ausländerpolizei*rechtlichen Gesichtspunkten erscheinen Ausweisung und Abschiebung in einem solchen Falle doppelt gerechtfertigt und geboten. Hat der Ausländer weder die im Inland noch die im Ausland gegen ihn verhängte Strafe verbüßt, so steht dem auch nicht das Bedenken gegen eine drohende Doppelbestrafung für dieselbe Tat entgegen.

Umweg über das Auslieferungsrecht im Ausländerpolizeirecht auswirken. Mit *Vogler*, Auslieferungsrecht und Grundgesetz, S. 197, ist jedenfalls davon auszugehen, daß nicht alle Auslieferungsverbote des Auslieferungsgesetzes zugleich durch die Verfassung geboten sind und daß es sich im übrigen verbietet, für die deutschen Vorstellungen von den Grundrechten und einer rechtsstaatlichen Verfahrensgestaltung auf dem Umweg über die Auslieferung „Allgemeinverbindlichkeit" zu verlangen (S. 201). Denn wenn die Grundrechtsbestimmungen der deutschen Verfassung auf dem Umweg über die Auslieferung als Maßstab an Handlungen ausländischer Behörden anzulegen wären, dann bliebe unerfindlich, warum nicht mit dem Inhalt, den sie nach deutschem Verfassungsrecht haben, sondern beschränkt auf einen allgemeinen Kernbestand.

[49] Vgl. *Mettgenberg-Doerner*, DAG, S. 314.
[50] Hierzu oben B. II. 3.

Daß ein Ausländer, der die gegen ihn von einem *deutschen* Gericht verhängte Strafe *noch nicht* verbüßt hat, grundsätzlich ausgewiesen werden kann, ergibt sich unmittelabr aus § 10 Abs. 1 Nr. 2 AuslG und mittelbar aus § 19 Abs. 2 Nr. 2 AuslG, wonach einem Ausländer, der sich drohender Strafvollstreckung in Deutschland entziehen will, die Ausreise untersagt werden *kann,* aber *nicht* untersagt werden *muß.* Die ausstehende Vollstreckung eines deutschen Strafurteils ist also kein zwingendes Hindernis für die Abschiebung. Die bloße Tatsache, daß den Ausgewiesenen im Bestimmungsland die Vollstreckung einer Verurteilung wegen derselben Tat erwartet, kann für sich allein zu keiner anderen Beurteilung führen, solange die gesetzlichen Voraussetzungen für Ausweisung und Abschiebung nach dem Ausländergesetz gegeben sind.

Komplizierter erscheint das Zusammentreffen von Vorschriften des Ausländergesetzes und des Deutschen Auslieferungsgesetzes, wenn ein ausländisches Auslieferungsersuchen zur Straf*verfolgung* nach § 4 Nr. 3 DAG abgelehnt werden muß, weil der Verfolgte wegen der dem Auslieferungsersuchen zugrunde liegenden Tat bereits im Inland verurteilt worden ist. Darf der Ausländer in einem solchen Falle nach § 10 Abs. 1 Nr. 2 AuslG ausgewiesen und notfalls in den Verfolgerstaat abgeschoben werden?

§ 4 Nr. 3 DAG dient der Respektierung abschließender Entscheidungen deutscher Gerichte, deren Rechtskraftwirkung es verletzen müßte, „würde in den Fällen des § 4 Nr. 3 DAG durch Auslieferung ein erneutes Verfahren wegen derselben Tat gegen denselben Täter ermöglicht. Es wäre auch mit dem Ansehen der deutschen Behörden nicht vereinbar, wenn deutscherseits dazu beigetragen würde, daß deutsche Entscheidungen von großem Gewicht wie nicht ergangen behandelt und — mindestens der Sache nach — einer Überprüfung durch ausländische Behörden unterworfen würden"[51].

Unter Hinweis auf diese Gründe könnte die Auffassung vertreten werden, daß Ausweisung und Abschiebung eines im Bestimmungsland strafrechtlich Verfolgten dann unzulässig sind, wenn sie die erwähnten, das Ansehen der deutschen Behörden beeinträchtigenden Folgen haben würden. Ein solcher Schluß läßt jedoch außer acht, daß das Ausländergesetz *primär anderen* Zwecken dient als das Deutsche Auslieferungsgesetz. Ist die Ausweisung und ihre Vollziehung nach fremdenpolizeilichen Gesichtspunkten geboten und deshalb auch im

---

[51] *Mettgenberg-Doerner,* DAG, S. 312. Vgl. auch Harvard Law School, Draft Convention on Extraditon, in: AJIL Bd. 29 (1935), Suppl., S. 148: "It is natural that in municipal statutes we should find a nationalistic attitude reflected in declarations [im Sinne von ‚ne bis in idem'] ... the assumption apparently being that in the local courts full justice will be done."

II. 3. Vorrang deutscher Gerichtsentscheide

Gesetz vorgesehen, so hat der Gesetzgeber damit zu verstehen gegeben, daß das Interesse an der Respektierung abschließender Entscheidungen deutscher Behörden durch das Ausland notfalls hinter Belangen der Fremdenpolizei zurücktreten kann. Dies vor allem deshalb, weil die fremdenpolizeilich gebotene Ausweisung ja nicht wie die Auslieferung ihre Rechtfertigung ausschließlich in der Förderung fremder Strafverfolgungsinteressen findet.

Art. 103 Abs. 3 GG führt zu keiner anderen Beurteilung. Zwar gilt dieses, in erster Linie den Strafrichter[52] bindende prozessuale Grundrecht nach Maßgabe des Art. 1 Abs. 3 GG für alle staatliche Gewalt[53]. Aber genauso wenig wie eine ausländische Verurteilung und Strafvollstreckung wegen einer Tat, für die das deutsche Strafrecht gilt, die Verfolgung und Aburteilung eben dieser Tat in Deutschland ausschließt[54], verbietet Art. 103 Abs. 3 GG den umgekehrten Fall, daß ein im Geltungsbereich des Grundgesetzes verurteilter Ausländer in den Staat verbracht wird, in dem ihn ebenfalls strafrechtliche Verfolgung wegen derselben Tat erwartet[55]. Das Verbot, diesen Erfolg durch Auslieferung herbeizuführen, ergibt sich nicht unmittelbar aus Art. 103 Nr. 3 GG, sondern beruht auf der ausdrücklichen Bestimmung des § 4 Nr. 3 DAG und der damit eng verknüpften Niederlegung des Prinzips der identischen Norm in § 4 Nr. 2 DAG[56]: Da Strafverfolgung und Strafvollstreckung wegen einer bereits rechtskräftig abgeurteilten und durch Strafverbüßung gesühnten Tat nach *deutschem* Recht (Art. 103 Abs. 3 GG) unzulässig sein würden, verbietet der Gesetzgeber, diesen Erfolg im Wege der Auslieferung herbeizuführen und geht damit über den Schutzbereich des Art. 103 Abs. 3 GG hinaus[57].

---

[52] BGHSt. Bd. 2, S. 48 f.: „Das deutsche Auslieferungsverfahren ist kein Strafverfahren, sondern ein Verfahren eigener Art."

[53] Vgl. *Maunz-Dürig*, GG Art. 103 Rdnr. 122.

[54] Vgl. *Schönke-Schröder*, StGB, zu § 7 StGB; OLG Stuttgart, Beschluß v. 27. 7. 1968, in: Justiz 1968/11, S. 313; Bayer.VerfGH in: GA 1963, S. 250.

[55] Vgl. BVerwG v. 11. 6. 1968, in: VerwRspr. Bd. 19 (1967/68) Nr. 254, 964 (unter Berufung auf BVerfGE Bd. 18, S. 112). OVG Berlin, Urteil v. 2. 5. 1956, auszugsweise abgedruckt bei *Schüler* und *Wirtz*, Rechtsprechung zum Ausländerrecht (1971), S. 49: „Eine Ausweisung wegen strafrechtlicher Verurteilung verstößt nicht gegen das Verbot der Doppelbestrafung, weil die Ausweisung keine Sühne, sondern eine vorbeugende Verwaltungsmaßnahme ist."

[56] Vgl. *Dahm*, Völkerrecht I (1958), S. 282.

[57] Vgl. *Geck*, Art. 102 GG und der Rechtshilfeverkehr zwischen der Bundesrepublik und Ländern mit der Todesstrafe — BVerfGE 18, 112, in: JuS 1965, S. 221 ff. [224]: Es ist „wohl noch nicht ernstlich behauptet worden, daß eine vorliegende oder noch zu besorgende Verletzung der Verfassungsgarantien in Art. 101 und 103 im ausländischen Strafverfahren ein verfassungsrechtliches Auslieferungshindernis darstellt". Hierzu auch *Vogler*, Auslieferungsrecht und Grundgesetz (1970), S. 201 f., der die m. E. zutreffende Ansicht vertritt, daß es *grundgesetzliche* Grenzen der Auslieferung jenseits des Art. 16 Abs. 2 GG nicht gibt.

Die für dieses Verbot maßgeblichen Gründe sind nicht so sehr humanitärer Natur, sondern entsprechen dem das Auslieferungsrecht auch sonst kennzeichnenden Bemühen des Gesetzgebers, das Ansehen deutscher Behörden zu wahren und den Bestand ihrer Entscheidungen nicht durch ausländische Behörden antasten zu lassen. Die Verurteilung des Verfolgten wegen der Auslieferungstat in einem *dritten* Staat und die Verbüßung der dort erkannten Strafe erfüllen daher nicht die Voraussetzungen des Auslieferungsverbots nach § 4 Nr. 3 DAG[58].

Zu der weitergehenden Frage, ob sich für die Abschiebung in diesen Fällen eine Schranke aus Art. 1 GG in Verbindung mit Art. 3 MRK ergeben kann, wenn der Abgeschobene im Bestimmungsland Gefahr läuft, wegen einer bereits abgeurteilten strafbaren Handlung zum zweiten Mal bestraft zu werden, ohne daß die bereits im Aufenthaltsstaat verbüßte Strafe angerechnet wird[59], ist hier nicht Stellung zu nehmen, da dies über den engeren Bereich des Auslieferungsrechts hinausführt. In dem hier gewählten Rahmen hat jedenfalls der Grundsatz, daß keiner wegen einer strafbaren Handlung zweimal verurteilt werden darf, völkerrechtlich bislang noch keine Anerkennung gefunden[60].

Die dem Auslieferungsverbot des § 4 Nr. 2 und 3[61] DAG zugrunde liegenden Erwägungen sprechen nach alledem nicht zugleich auch gegen eine nach den Vorschriften des Ausländergesetzes begründete Ausweisung. Der betroffene Ausländer kann danach auch in den Staat, dessen Auslieferungsersuchen wegen § 4 Nr. 3 DAG zurückgewiesen werden müßte, abgeschoben werden, sofern fremdenpolizeiliche Ziele den Ausschlag geben und der Betroffene nicht auf diesem Wege gerade den Strafverfolgungsbehörden des Bestimmungslandes zugeführt werden soll.

4. Mindestvoraussetzungen hinsichtlich der Strafbarkeit der Auslieferungstat

Nach Maßgabe des dem Deutschen Auslieferungsgesetz zugrunde liegenden Prinzips der beiderseitigen Strafbarkeit muß die Ausliefe-

---

[58] Vgl. *Dahm*, Völkerrecht I (1958), S. 282; *Mettgenberg-Doerner*, DAG, S. 317 unter Hinweis auf OLG Dresden v. 30. 12. 1931, in: JW 1931, S. 2873.

[59] Hierzu *Geck*, S. 231, der Art. 1 Abs. I GG eine Ergänzungsfunktion zu dem in Art. 16 Abs. 2 Satz 2 GG statuierten Auslieferungsverbot beimißt.
Allgemein zur Frage des „inhuman treatment" i. S. v. Art. 3 MRK siehe OVG Münster v. 3. 9. 1956, in: DÖV 1956, S. 381 und „Deportation of Aliens", in: The Review, International Commission of Jurists, 1969 Nr. 3, S. 1 ff. (3 f.).

[60] Denkschrift zum Europäischen Auslieferungsübereinkommen, BT-Drs. IV/382, S. 22 zu Art. 19. Siehe auch Harvard Law School, Draft Convention on Extradition, in: AJIL Bd. 29 (35), Suppl., S. 144 ff., Begründung zu Art. 9 *(non bis in idem)*, S. 146.

[61] Zu § 4 Nr. 3 DAG siehe BayOLG, in: JZ 1959, S. 188.

II. 4. Ausschluß der Auslieferung wegen Bagatellsachen

rungstat nach deutschem Recht eine materiell strafbare Handlung sein[62]. Zur näheren Ausgestaltung dieses Prinzips bestimmt § 2 DAG, wegen welcher Arten materiell strafbarer Handlungen die Auslieferung zulässig oder unzulässig ist[63].

Im Gegensatz zu der in älteren europäischen Auslieferungsgesetzen gebräuchlichen *Enumeration* der auslieferungsfähigen Taten folgt das Deutsche Auslieferungsgesetz von 1929 nach dem Vorbild skandinavischer Auslieferungsgesetze dem *Eliminations*verfahren, bezeichnet also neben einer allgemeinen Umschreibung der auslieferungswürdigen Straftaten die Delikte, derentwegen die Auslieferung *nicht* zulässig sein soll. Wegen aller im Gesetz nicht ausgeschiedenen Taten ist die Auslieferung daher an sich zulässig. Hierzu heißt es in der amtlichen Begründung, daß es sich „bei der geographischen Lage des Deutschen Reiches inmitten zahlreicher Nachbarstaaten empfiehlt ..., den Auslieferungsverkehr umfassend stattfinden zu lassen"[64].

Daß bei der Festlegung des Kreises der Auslieferungstaten im Sinne des Deutschen Auslieferungsgesetzes auf Interessen der betroffenen Individuen Bedacht genommen worden sei, ist weder dem Wortlaut des Gesetzes noch den hierzu veröffentlichten Materialien zu entnehmen. Vielmehr waren offenbar insofern allein *staatliche* Interessen maßgeblich. Für die Einbeziehung der Vergehen auf dem Gebiete des Finanzwesens in den Auslieferungsverkehr ergibt sich dies aus der amtlichen Begründung für die damit vorgenommene Abweichung von der früheren Praxis: „Diese Regelung entspricht den Bedürfnissen der Gegenwart. Die gegenseitige Unterstützung der Regierungen liegt bei Verfehlungen dieser Art unter Umständen im wohlverstandenen Interesse aller[65]."

Abgesehen von dem hier noch nicht in die Untersuchung einbezogenen Ausschluß gewisser Taten wegen ihrer besonderen Eigenart[66] stellt § 2 DAG zur Aussonderung der Auslieferungstaten allein auf deren strafrechtliches Gewicht ab. Vergehen, für die eine Freiheitsstrafe nicht mindestens ersatzweise angedroht ist, besitzen die für eine Auslieferung erforderliche Schwere nicht. Die Vorschrift verfolgt damit eindeutig das

---

[62] Siehe hierzu oben unter D. II. 1.
[63] Der Ausschlußgrund, daß die einem Ersuchen zugrunde liegende Tat im deutschen Recht nur nach *Militärstrafgesetzen* strafbar ist, soll — ebenso wie der den § 2 DAG insofern ergänzende Ausschluß der Auslieferung wegen *politischer* Taten durch § 3 DAG — gesondert untersucht werden, unten D. III. und IV.
[64] Amtliche Begründung zum Entwurf des DAG, abgedruckt bei *Mettgenberg-Doerner*, DAG, S. 200.
[65] ibidem, S. 201.
[66] Hierzu unten D. III. und IV.

Ziel, den Auslieferungsverkehr nicht mit Bagatellsachen zu belasten[67]. So beruht die Unzulässigkeit der Auslieferung wegen einer Übertretung nicht auf einer grundsätzlichen Mißbilligung der Verfolgung derartiger Delikte, sondern darauf, daß sich in einem solchen Falle die großen mit einer Auslieferung verbundenen Mühen und Kosten nicht lohnen[68].

Schon diese Zielsetzung der Vorschrift des § 2 DAG läßt erkennen, daß ihr im Bereich des fremdenpolizeilichen Aufenthaltsrechts keinerlei Bedeutung zukommt, ganz abgesehen davon, daß der Anwendungsbereich der Bestimmung infolge der durch § 29 StGB eröffneten Möglichkeiten zur Umwandlung von Geldstrafen in Freiheitsstrafen sowieso geschrumpft ist. Freilich wird der geringeren Strafwürdigkeit der Tat eines Ausländers auch bei der Entscheidung über die Frage seiner Ausweisung eine gewisse Bedeutung beigemessen, was sich schon aus dem Wortlaut des § 10 Abs. 1 Nr. 2 AuslG[69] ergibt. Während aber eine Auslieferung bei Vorliegen der Voraussetzungen des § 2 Abs. 2, 2. Halbsatz DAG als unzulässig abgelehnt werden *muß*, ist die Schwere der Tat nur *ein* Gesichtspunkt unter anderen bei der nach polizeirechtlichen Kriterien zu treffenden *Ermessensentscheidung* im Rahmen des Ausländergesetzes.

Selbst *Fraustädter*, der am weitesten gehende Verfechter der Unantastbarkeit der Auslieferungsverbote, mißt der hier untersuchten Zulässigkeitsvoraussetzung der Auslieferung nach § 2 DAG keine über den Bereich des Auslieferungsrechts hinausgreifende Wirkung bei. Weil die Unzulässigkeit der Auslieferung in Bagatellsachen nicht mit der „Wahrung staatlicher Souveränitätsrechte oder mit dem Schutze des gefährdeten Ausländers" zusammenhänge, sondern daraus folge, daß die gewichtige Form der Auslieferung in offenbarem Mißverhältnis zu der Tat des Verfolgten stehe und daher nicht lohnend erscheine,

---

[67] Aufschlußreich ist in diesem Zusammenhang auch die amtliche Begründung zum Entwurf eines *niederländischen* Auslieferungsgesetzes, Generaal Staaten, 2. Kamer, Bijlagen, Nr. 8054, S. 12, 1. Sp. vor Buchstabe D: Für die Beurteilung der Frage des für die Bewilligung einer Auslieferung erforderlichen Strafniveaus soll die Entfernung zwischen ersuchendem und ersuchtem Staat maßgeblich sein. Bei einer mit einer Höchststrafe von 6 Monaten Gefängnis bedrohten Tat sei demnach die Auslieferung von Holland nach Belgien eher gerechtfertigt als eine Auslieferung nach Australien.

[68] *Kraus*, Gegenwärtiger Stand und künftige Ausgestaltung des Auslieferungsrechts, in: Verhandlungen des 34. Deutschen Juristentags, Bd. 2, S. 302 ff. (334). Die gleiche Erwägung gilt auch für die dem § 2 Abs. 2 DAG entsprechenden Bestimmungen in Auslieferungsverträgen, vgl. *Grosch*, Das deutsche Auslieferungsrecht (1902), S. 11.

[69] „Ein Ausländer kann ausgewiesen werden, wenn ... 2. er wegen eines Verbrechens oder Vergehens oder wegen einer Tat verurteilt worden ist, die im Geltungsbereich dieses Gesetzes ein Verbrechen oder Vergehen wäre ..."

schließt nach Meinung Fraustädters in diesen Fällen das Auslieferungsverbot „ausnahmsweise nicht das Verbot der Ausweisungsvollziehung oder Abschiebung" ein[70].

III. Die Schutzrichtung des Grundsatzes der Nichtauslieferung wegen militärischer Taten

Nach § 2 Abs. 2 DAG ist die Auslieferung nicht zulässig, wenn die dem Ersuchen zugrunde liegende Tat nach deutschem Recht nur nach den Militärstrafgesetzen strafbar ist. Die damit vom Gesetzgeber vorgenommene Aussonderung militärischer Taten von der Auslieferung enspricht einer vielfach üblichen Praxis der Staaten[71]. § 2 Abs. 2 DAG macht das völkerrechtlich anerkannte Recht des Staates zur Verweigerung der Auslieferung militärischer Täter[72] den deutschen Behörden zur Pflicht.

Unter dem Eindruck einer leicht verallgemeinernden Sicht des Schicksals von Deserteuren aus Gewissensgründen ist man gefühlsmäßig häufig geneigt, dem Verbot der Auslieferung militärischer Täter besonderes Gewicht beizumessen[73]. Dies beruht letztlich auf Ausstrahlungen der besonderen emotionalen Atmosphäre, die das Asylrecht umgibt[74]. Die hohen Erwartungen, die demzufolge an die rechtliche Ausgestaltung des Grundsatzes gestellt zu werden pflegen, werden jedoch vom geltenden Recht nicht erfüllt.

Im Hinblick auf den historischen Hintergrund der Bestimmung des § 2 Abs. 2 DAG ist zunächst bemerkenswert, daß es früher einer weit

---

[70] *Fraustädter*, DAG (1930), S. 31. Neuerdings wird auch die akzessorische Auslieferung für Nicht-Auslieferungsdelikte (ausgenommen politische Taten u. ä.) zugelassen, wenn die Auslieferung des Täters bereits wegen eines Auslieferungsdeliktes bewilligt worden ist. So z. B. Art. 2 Abs. 2 des Euroäischen Auslieferungsübereinkommens. Vgl. *Oehler*, Aktuelle Probleme des Auslieferungsrechts, in: ZStW Bd. 81 (1969), S. 145.

[71] Siehe bereits das *Institut de Droit International*, Annuaire 1881/1882, S. 129. Vgl. *Doehring*, Die allgemeinen Regeln des völkerrechtlichen Fremdenrechts (1963), S. 64; *Mettgenberg-Doerner*, DAG, S. 207.

[72] Eine entsprechende Pflicht besteht nach *Völkerrecht* jedoch *nicht*. So schon *Férand-Giraud*, Projet de réglementation de l'expulsion des étrangers, Institut de Droit International, 8. Studienkommission, Hamburger Tagung 1891, Annuaire, éd. nouvelle Bd. 2, S. 1017 ff. (1020): „Un Etat n'est point tenu de tolérer la présence sur son territoire des réfractaires et déserteurs étrangers." Siehe speziell *Alphand*, L'expulsion des déserteurs et l'extradition déguisée, in: Revue de droit International Privé et de droit Pénal International, Bd. VI (1910), S. 35 ff.

[73] Beispielhaft für die Verbreitung dieser Atmosphäre erscheinen die Ausführungen *Merls* (Das Asylrecht politisch Verfolgter nach Artikel 16 (2) 2 Grundgesetz (1968), S. 47) zu der von ihm vertretenen Ausdehnung des Asylrechts auf Fahnenflüchtige und Wehrdienstverweigerer.

[74] So *Doehring*, Asylrecht und Staatsschutz, in: ZaöRV Bd. 26 (1965), S. 33.

verbreiteten Praxis der Staaten entsprach, Vereinbarungen zur gegenseitigen Abschiebung von Deserteuren zu schließen[75].

Das deutsche Auslieferungsrecht hat noch bis in den ersten Weltkrieg hinein die Auslieferung wegen rein militärischer Taten als zweckmäßig angesehen[76]. Eine Reihe von Abkommen über die Auslieferung Fahnenflüchtiger gibt Zeugnis davon[77].

Daß die von dieser Praxis abweichende Regel des § 2 Abs. 2 DAG mehr auf Opportunitätserwägungen beruht, als daß sie dazu bestimmt wäre, Anforderungen der Wahrung der staatlichen Souveränität oder humanitären Gesichtspunkten Rechnung zu tragen[78], zeigt die Begründung, mit welcher der Entwurf des Deutschen Auslieferungsgesetzes dem Reichstag vorgelegt worden ist:

„Mit den Interessen der Strafrechtspflege ist es vereinbar, von der Auslieferung bei solchen Straftaten abzusehen, die einen dem allgemeinen Strafrecht unbekannten, lediglich den besonderen militärischen Verhältnissen entnommenen Tatbestand enthalten. Es wird daher die Auslieferung wegen rein militärischer Straftaten, wie Wachvergehen, Feigheit, Ungehorsam, Fahnenflucht usw. untersagt[79]."

Nicht zuletzt ist der Ausschluß der Auslieferung militärischer Täter auch darauf zurückzuführen, daß die Staaten kein Interesse daran haben, militärische Konkurrenten oder potentielle Gegner durch Auslieferung fahnenflüchtiger Soldaten zu unterstützen. Etwas anderes gilt insofern allerdings im Verhältnis von Staaten, die in einem Militärbündnis zusammengeschlossen sind oder sich sonst politisch besonders nahestehen[80].

---

[75] *Doehring*, Die allgemeinen Regeln des völkerrechtlichen Fremdenrechts (1963), S. 64; *Grützner*, „Auslieferung", in: WVR Bd. 1, S. 121; *Gut*, Die fiskalischen und militärischen Vergehen im schweizerischen Auslieferungsrecht (1943); *Kreppel*, Verfassungsrechtliche Grenzen der Auslieferung und Ausweisung (1966), S. 29.

[76] *Mettgenberg-Doerner*, DAG, S. 208; *Mettgenberg*, Das Deutsche Auslieferungsrecht in der Praxis des Reichsmilitärgerichts, in: Zeitschrift f. Völkerrecht Bd. 9 (1916), S. 459.

[77] Siehe die deutschen Verträge über die Auslieferung Fahnenflüchtiger mit *Dänemark* v. 25. 12. 1820 (Preußische Gesetzessammlung 1821, S. 33), mit *Österreich* v. 10. 2. 1831 (Protokolle der deutschen Bundesversammlung 1831, § 25; 1832, § 167; 1863, § 158), mit der *Türkei* v. 11. 1. 1917 (RGBl. 1918, S. 316, 354). Alle diese Abkommen sind nicht mehr in Kraft, vgl. *Mettgenberg-Doerner*, DAG, S. 209.

[78] Vgl. neuerdings *Schultz*, Rapport général provisoire, in: Revue International de Droit Pénal Jg. 3 (1968), S. 785 ff. (808 f.).

[79] Abgedruckt bei *Mettgenberg-Doerner*, DAG, S. 207 f. Gleiches ergibt sich auch aus den Beratungen des Reichstags, IV. Reichstag 1928. Drs. 1191, S. 3.

[80] Hierzu *Dimitrijević*, Političko krivično delo i ekstradicija-Political Offence and Extradition (Summary), in: Jugoslavenska Revija za Kriminologiju i Krivično Pravo, Bd. VI (1968), S. 198 ff.

Der Umstand, daß wegen militärischer Delikte nicht ausgeliefert wird, stellt deshalb kein selbständiges Ausweisungs- oder Abschiebungshindernis dar[81]. Damit ist nicht gesagt, daß die Ausländerpolizeibehörden im Rahmen des ihnen übertragenen Einzelfallermessens nicht auch zu berücksichtigen hätten, ob eine Ausweisung und Abschiebung den Verteidigungsinteressen der Bundesrepublik so abträglich ist, daß das öffentliche Interesse daran, die zur Ausweisung berechtigten Störungen seitens des betreffenden Ausländers durch seine Abschiebung zu beseitigen, hinter vorrangigen Verteidigungsinteressen zurücktreten muß.

Das Verbot der Auslieferung militärischer Täter begünstigt den Fahnenflüchtigen, solange er keinen Anlaß zur Ausweisung nach den Vorschriften des Ausländergesetzes gibt. Ein weitergehender Schutz, auf den der Fremde in der Bundesrepublik Anspruch hat, kommt nur in Betracht, wenn abgesehen von der Fahnenflucht besondere Umstände vorliegen, die die *strafrechtliche* Verfolgung wegen *Fahnenflucht* als *politische* Verfolgung im Sinne des Art. 16 Abs. 2 S. 2 GG erscheinen lassen[82].

IV. Die Schutzrichtung des Grundsatzes der Nichtauslieferung wegen politischer Taten

Den für die Frage der verschleierten Auslieferung neuralgischsten Schnittpunkt finden Auslieferungsrecht und Ausweisungsrecht im Grundsatz der *Nichtauslieferung politischer Täter*. Das darin begründete auslieferungsrechtliche Asyl hat auch im Deutschen Auslieferungsgesetz von 1929 seinen Niederschlag gefunden. Nach § 3 Abs. 1 DAG ist die Auslieferung *nicht* zulässig, wenn die dem Ersuchen zugrunde liegende Tat eine politische ist oder mit einer politischen Tat derart in Zusammenhang steht, daß sie diese vorbereiten, sichern, decken oder abwehren sollte.

Nach der Legaldefinition des § 3 Abs. 2 DAG sind *politische Taten* die strafbaren Angriffe, die sich unmittelbar gegen den Bestand oder die Sicherheit des Staates, gegen das Oberhaupt oder gegen ein Mitglied der Regierung des Staates als solches, gegen eine verfassungsmäßige Körperschaft, gegen die staatsbürgerlichen Rechte bei Wahlen oder

---

[81] Diese Auffassung liegt auch dem Urteil des BVerwG v. 17. 1. 1957 — I C 166.56 — zugrunde: Obwohl feststand, daß dem ausgewiesenen Kläger im Bestimmungsland (Spanien) ein Strafverfahren wegen Fahnenflucht drohte, erklärte das Gericht seine Abschiebung dorthin doch nicht für unzulässig, sondern verwies die Sache nur insofern zur weiteren Entscheidung an das untere Gericht zurück, als noch tatsächliche Feststellungen im Hinblick auf Art. 16 Abs. 2 S. 2 GG (Asylrecht) zu treffen waren.
[82] BVerwG U. v. 17. 1. 1957 — I C 166.56.

Abstimmungen oder gegen die guten Beziehungen zum Ausland richten. Dagegen sind vorsätzliche Verbrechen gegen das Leben *keine* politischen Taten im Sinne dieser Vorschrift, es sei denn, sie seien im offenen Kampf begangen[83].

Entfaltet das Verbot der Auslieferung nach § 3 DAG unmittelbar Schutzwirkung zugunsten der unter diese Vorschrift fallenden Personen gegen Ausweisung und Abschiebung? Zur Verdeutlichung der Fragestellung sei der folgende Sachverhalt, über den das Oberverwaltungsgericht Münster zu befinden hatte[84], an den Ausgangspunkt der Überlegungen gestellt:

Ein Ausländer, dem in Belgien die Vollstreckung einer Reststrafe aus einer kriegsgerichtlichen Verurteilung wegen einer politischen Tat drohte, wurde durch Aufenthaltsverbot aus dem Bundesgebiet ausgewiesen. Dabei soll im folgenden davon ausgegangen werden, daß die Ausweisung mit der in Belgien ergangenen Verurteilung begründet wurde[85]. Da nach Sachlage mit der Aufnahme des Ausgewiesenen in einem anderen Land als Belgien nicht zu rechnen war, focht dieser die Ausweisungsverfügung mit der Begründung an, sie würde im Falle ihrer Befolgung oder Vollziehung dazu führen, daß er in Belgien die Reststrafe aus der Verurteilung wegen einer politischen Tat verbüßen müßte. Im Ergebnis würde die Ausweisung daher einer verbotenen Auslieferung[86] gleichkommen.

Zur Beurteilung der damit aufgeworfenen Frage der Schutzwirkung des § 3 DAG ist es erforderlich, sich den geschichtlichen Hintergrund, die Stellung der Vorschrift im weiteren Rahmen des deutschen Fremdenrechts und ihre heutige Funktion vor Augen zu führen.

1. Geschichtlicher Hintergrund des § 3 DAG

Der in § 3 DAG verankerte Grundsatz der Nichtauslieferung wegen politischen Taten ist das Ergebnis einer durch liberal-rechtsstaatliche Ideen hervorgerufenen Entwicklung, die sich im Zuge der französischen Revolution durchzusetzen begann[87]. Nach der amtlichen Begründung

---

[83] § 3 Abs. 3 DAG.
[84] OVG Münster, Urteil v. 1. 10. 1968 — IV A 823/66, OVGE 24, S. 158 und DÖV 1969, S. 469.
[85] Dem Urteil des OVG Münster ist der Grund des Aufenthaltsverbots nicht eindeutig zu entnehmen, soweit es a.a.O. veröffentlicht ist.
[86] Im Urteil wird davon ausgegangen, daß eine Auslieferung an Belgien nach Art. 3 Abs. 1 des deutsch-belgischen Auslieferungs- und Rechtshilfevertrags v. 17. 1. 1958 und nach § 3 DAG nicht zulässig gewesen wäre.
[87] Vgl. *Doehring*, Die allgemeinen Regeln des völkerrechtlichen Fremdenrechts (1963), S. 64; *Grützner*, „Auslieferung", in: WVR Bd. 1 (1960), S. 121; *Reale*, Le Droit d'Asile, in: Rec. des Cours, 1938 I, S. 504 ff.; *Bolesta-*

IV. Ausschluß der Auslieferung wegen politischer Taten

der Reichstagsvorlage sichert die Bestimmung „das vor einem Jahrhundert schwer erkämpfte, dann aber von allen Kulturstaaten anerkannte und hochgehaltene sogenannte politische Asyl"[88].

Ein Blick in die Geschichte des Auslieferungsrechts zeigt, daß bis zum Ende des 18. Jahrhunderts politische Gesichtspunkte im Auslieferungsverkehr den Ausschlag gaben[89]. Noch bis ins 19. Jahrhundert hinein dienten Auslieferungsverträge gerade auch der Begründung einer Auslieferungs*pflicht* wegen politischer Taten[90]. Dahm faßt das Wesentliche dieser Entwicklung in folgenden Worten zusammen:

„Soweit überhaupt ausgeliefert wurde[91], pflegten Fürsten und Regierungen sich gerade durch die Auslieferung politischer Verbrecher gefällig zu sein.

Eine Änderung trat insofern erst um die Wende des 18. und 19. Jahrhunderts als Folge der Französischen Revolution ein: Aus der Solidarität der Fürsten in der Bekämpfung innerer politischer Feinde ausgeschlossen, identifizierte sie sich ihrerseits mit der Sache der Freiheit überall in der Welt (vgl. Artikel 120 der französischen Verfassung von 1793). Zuflucht sollte hier auf Grund der in der Tat sich manifestierenden Gesinnungsgemeinschaft gewährt werden. Erst im Laufe des 19. Jahrhunderts hat sich die Idee der politischen Toleranz und die Überzeugung von der grundsätzlichen Gleichwertigkeit der politischen Überzeugungen auch im Auslieferungsrecht durchsetzen können[92]."

Seine tiefere Begründung fand der Ausschluß der politischen Täter vom Auslieferungsverkehr im Prinzip der *Nichteinmischung* und der *Neutralität* des Staates gegenüber inneren politischen Kämpfen anderer

---

Koziebrodzki, Le Droit d'Asile (1962), S. 39 ff.; *Kimminich*, Asylrecht (1968), S. 50.

[88] Begründung zu § 3 in den Reichstagsvorlagen v. 27. 7. 1927 und v. 5. 9. 1928, auszugsweise abgedruckt bei *Mettgenberg-Doerner*, DAG, S. 217.

[89] Vgl. *Alphand*, L'expulsion des déserteurs et l'extradition déguisée, in: Revue de Droit International Privé et de Droit Pénal International Bd. 6 (1910), S. 35. *Aymond*, „Extradition", in: Dalloz, Encyclopédie Juridique, Répertoire de Droit International, Bd. 1 (1968), S. 808 ff. (810) Nr. 20; *Bouzat* und *Pinatel*, Traité de droit pénal et de criminologie, Bd. 2 (1963), Nr. 1731; *Donnedieu de Vabres*, Introduction à l'étude du droit pénal international (1922), S. 226; *Schürch*, Das Schweizerische Asylrecht, in: Zeitschrift des Bernischen Juristenvereins, Bd. 104 (1968), S. 241 ff. (242).

[90] z. B. *Preußisch-russischer* Vertrag über die Auslieferung politischer Verbrecher v. 15. 3. 1884 (Preußische Gesetzessammlung 1834, S. 21); in der Zeit der Demagogenverfolgung vereinbarten die Staaten des Deutschen Bundes die Auslieferung wegen politischer Delikte, vgl. die Bundesbeschlüsse v. 5. 7. 1832 und 18. 8. 1836, Nachweise bei *Grimm*, Das Auslieferungswesen im Recht des Deutschen Bundes, in: ZStW Bd. 48 (1928), S. 448 ff.

[91] Nach *Meyer* (Die Einlieferung, S. 104 Anm. 57) haben die *Vereinigten Staaten von Amerika* als erster Staat den Grundsatz der Auslieferung auch wegen gemeiner Verbrecher in die Praxis eingeführt sowie zwischen diesen und den politischen Straftaten unterschieden.

[92] *Dahm*, Völkerrecht I (1958), S. 287. Vgl. die Entscheidung des Bundeskriminalrichters von *Buenos Aires* v. 15. 12. 1965, in einer deutschen Übersetzung abgedruckt in: Archiv des Völkerrechts Bd. 14 (1968), S. 99 ff. (103).

Staaten. Durch die grundsätzliche Negierung einer Auslieferungspflicht wegen politischer Taten[93] und ein entsprechendes innerstaatliches Verbot der Auslieferung will es der ersuchte Staat von vornherein vermeiden, zu Auseinandersetzungen in auswärtigen Staaten Stellung nehmen zu müssen oder gar in sie hineingezogen zu werden[94]. Naheliegend ist auch der Gedanke, daß der ersuchte Staat gerade im Hinblick auf politische Taten zum Nachteil des ersuchenden Staates in der Regel kein Interesse an der Strafverfolgung oder Strafvollstreckung hat, wenn sich nicht aus dem besonderen Verhältnis der beteiligten Staaten zueinander etwas anderes ergibt[95].

Nicht zuletzt erscheint die *Strafwürdigkeit* des Verfolgten in solchen Fällen mitunter *zweifelhaft* und nicht selten gehört einem politischen Flüchtling die offene Sympathie der Bevölkerung des Zufluchtsstaates, wenn sie von der Schutzwürdigkeit seines politischen Motivs überzeugt ist. Unter dem Eindruck der Erfahrung, daß die jeweiligen Machthaber ihre politischen Gegner mit unangemessener Schärfe und ohne die notwendigen Rechtsgarantien abzuurteilen geneigt sind[96], wurde die Gewährung politischen Asyls in der öffentlichen Meinung zum *humanitären* Prinzip erhoben[97].

In Fortführung dieser Entwicklung hat das Auslieferungsprivileg zunehmend Gewicht erhalten zugunsten des Täters einer politischen oder gemeinen Tat, dessen Auslieferung zu dem Zweck verlangt wird, ihn wegen seiner Rasse, seiner Staatszugehörigkeit oder seiner politischen Ansichten zu verfolgen oder dessen Stellung im ersuchenden Staat aus einem dieser Gründe erschwert zu sein scheint[98]. Andererseits sind schon seit etwa einhundert Jahren Anzeichen für eine *Einschränkung* des Auslieferungsprivilegs bei politischen Taten festzustellen[99], die sich im Laufe der Zeit zu einer heute nicht mehr zu übersehenden Tendenz verdichtet haben[100].

---

[93] Vgl. *Kimminich*, Bonner Kommentar, Art. 16 Rdnr. 151: „Das Asylrecht ist eine Verneinung der Auslieferungspflicht."

[94] *Fraustädter*, DAG (1930), S. 35 f.; *Schultz*, Aktuelle Probleme des Auslieferungsrechts, Vorläufiger Generalbericht zum vorbereitenden Kolloquium, ZStW Bd. 81 (1969), S. 199 ff., 220.

[95] Siehe insbesondere *von Weber*, Die Auslieferung bei politischen Delikten, in: Erinnerungsgabe für Max Grünhut (1964), S. 161 ff., 168 ff.

[96] *Fraustädter*, DAG (1930), S. 35 f.

[97] Vgl. *Hambro*, Auslieferungspflicht und Asylrecht, in: ZStW 1961, S. 657 ff., 668.

[98] So Art. 3 Abs. 2 des Europäischen Auslieferungsübereinkommens v. 13. 12. 1957, European Treaty Series, No. 24; vgl. z. B. für die Schweiz BGE 78 I 39.

[99] Siehe *von Weber*, Die Auslieferung bei politischen Taten, in: Erinnerungsgabe für Max Grünhut, S. 161 ff., 168; *Bolesta-Koziebrodzki*, Le Droit d'Asile (1962), S. 44.

IV. Ausschluß der Auslieferung wegen politischer Taten

Die Tatsache, daß auch in neuerer Zeit noch viele Auslieferungsgesetze und Verträge[101] den Grundsatz der Nichtauslieferung bei politischen Delikten enthalten, führt zu keiner anderen Beurteilung. Diese Beobachtung läßt zwar darauf schließen, daß die Staaten keine Auslieferungs*pflicht* für diese Fälle begründen und der Entstehung einer solchen Pflicht vorbeugen wollen. Für die Annahme, daß die Auslieferung politischer Täter allgemeines Völkerrecht verletze, erbringt die erwähnte Gesetzgebungs- und Vertragspraxis jedoch keinen schlüssigen Beweis.

Dabei ist der Asylgedanke, jedenfalls soweit ihm *humanitäre* Zielvorstellungen zugrunde liegen, keineswegs untergegangen. Diese treten desto klarer in Erscheinung, je mehr sie sich von den für den Grundsatz der Nichtauslieferung bei politischen Taten maßgebenden souveränitätspolitischen Erwägungen loslösen. Diese humanitären, menschenrechtlichen Aspekte des Grundsatzes werden stärker herausgestellt und dienen als Triebkraft zur Weiterentwicklung des Asylrechts[102].

Während sich das Prinzip der Nichtauslieferung bei politischen Taten als solches immer deutlicher auf politische Zweckmäßigkeitserwägungen reduzieren läßt, steht beim Asylrecht neuerer Ausprägung eindeutig die humanitäre Schutzwürdigkeit des rassisch oder politisch verfolgten Individuums im Vordergrund. Dies manifestiert sich vor allem in der zunehmenden Akzeptierung des zuerst in Art. 33 des Abkommens über die Rechtsstellung der Flüchtlinge von 1951[103] niedergelegten Prinzips des *non-refoulement*, dem grundsätzlichen Ausschluß der Abschiebung politisch oder rassisch Verfolgter in den Verfolgerstaat[104].

---

[100] Vgl. *Schultz*, Aktuelle Probleme der Auslieferung, Vorläufiger Generalbericht zum vorbereitenden Kolloquium, ZStW Bd. 81 (1969), S. 199 ff. (227) mit Hinweisen auf entsprechende Feststellungen in den Berichten über Aktuelle Probleme der Auslieferung in Polen, Deutschland und Griechenland. Siehe auch *Dahm*, Völkerrecht I (1958), S. 287. Im *Skantzos*-Fall (BGHSt 8, S. 59, 65) stellte der BGH einen „deutlich hervortretenden internationalen Grundzug zur Bekämpfung politischer Verbrechen gegen das Leben" fest. Vgl. auch die amtliche Begründung zu Art. 4 des *deutsch-französischen* Auslieferungsvertrags v. 29. 11. 1951, BT-Drs. Nr. 3599.

[101] Siehe die Zusammenstellung bei *Mettgenberg-Doerner*, DAG, S. 224 ff. und bei *Weis*, Territorial Asylum, in: The Indian Journal of International Law, Bd. 6 (1968), S. 173 ff. (180).

[102] Siehe *Weis*, Recent Developments in the Law of Territorial Asylum, in: Revue des Droits de l'Homme, Human Right Journal, Bd. 1 (1968), S. 368 ff.; *ders.*, Human Rights and Refugees-Lecture held at Yale University Law School, in: Interpreter Releases, Bd. 45, Nr. 11 v. 18. 3. 1968; *Wiebringhaus*, Le Droit d'Asile en Europe, in: Annuaire Français de Droit International, Bd. XIII (1967), S. 566 ff. Vgl. *Oehler*, Aktuelle Probleme der Auslieferung, in: ZStW Bd. 81 (1969), S. 142 ff., 154.

[103] Art. 33: "1. No Contracting State shall expel or return ("refouler") a refugee in any manner whatsoever to the frontiers of territories where his

Nicht die Art der *Tat*, sondern die Art der drohenden *Verfolgung* ist ausschlaggebend für die Beurteilung der Schutzwürdigkeit eines Asylsuchenden[105]. „Zentralfigur des politischen Asyls ist also nicht mehr der ‚aktivistische' politische Verbrecher, sondern der passive politische Flüchtling", wie *Oehler* treffend formuliert[106]. Diese Tendenz hat auch ins deutsche Recht in einer Weise Eingang gefunden, die für das heutige Verständnis von § 3 DAG nicht unberücksichtigt bleiben kann.

2. Die Stellung des § 3 DAG im Fremdenrecht der Bundesrepublik Deutschland

a) Das Auslieferungsverbot des § 3 DAG kann seit dem Inkrafttreten des Grundgesetzes nicht für sich allein gesehen werden. Es ist umgeben von verwandten oder zumindest angrenzenden Vorschriften auf Verfassungs- und Gesetzesebene: Mit Art. 16 Abs. 2 S. 2 GG, der politisch Verfolgten den Genuß des Asylrechts als ein Grundrecht[107] gewähr-

---

life or freedom would be threatened on account of his race, religion, nationality, membership of a particular social group or political opinion..."

[104] Siehe *Weis*, in: Report of the Committee on the Legal Aspects of the Problem of Asylum, ILA, Tokyo Conference (1964), Appendix I, Konferenzdokument, S. 40 ff., 47. Diese Tendenz hat ihren Niederschlag gefunden in Art. 3 Abs. 2 des *Europäischen Auslieferungsübereinkommens* v. 13. 12. 1957 (European Treaty Series, Nr. 24); Art. 3 des *deutsch-belgischen* Auslieferungsvertrags v. 17. 1. 1958 (BGBl. 1959 II, S. 27); Art. 3 des *deutsch-österreichischen* Auslieferungsvertrags v. 22. 9. 1958 (BGBl. 1960 II, S. 1341) und speziell für das Ausweisungsrecht in der Resolution 67 (14) des Ministerrats des Europarats v. 29. 6. 1967 (hierzu *Wiebringhaus*, Annuaire Français de Droit International Bd. 13 [1967], S. 566 ff., 573 ff.) sowie Art. 3 der Asylrechtserklärung der Vollversammlung der Vereinten Nationen v. 14. 12. 1967 (hierzu *Weis*, Recent Developments in the Law of Territorial Asylum, in: Revue des Droits de l'Homme-Human Right Journal, Bd. 1 [1968], S. 378 ff.).

[105] Vgl. *Doehring*, Asylrecht und Staatsschutz, in: ZaöRV Bd. 26 (1966), S. 33 ff., bes. S. 39. Siehe in diesem Zusammenhang auch die Beispiele für die stärkere Beachtung der Art der politischen Verfolgung in der amerikanischen Praxis zu Sect. 243(h) des Immigration and Nationality Act 1952 ("... the Attorney General is authorized to withhold deportation of any alien within the United States to any country in which in his opinion the alien would be subject to physical persecution..." und § 6 des Refugee Relief Act 1953 (wo abgestellt wird auf "... persecution or fear of persecution on account of race, religion, or political opinion...") im Annual Report of the Committee on Legal Problems of Asylum der Amerikanischen Sektion der ILA, abgedruckt als Appendix II zum Report des Committee on the Legal Aspects of the Problem of Asylum, ILA, Tokyo Conference (1964), Konferenzdokument, S. 51 ff., 54 ff.

[106] *Oehler*, Aktuelle Probleme der Auslieferung, in: ZStW Bd. 81 (1969), S. 142 ff., 153; vgl. *Lange*, Grundfragen des Auslieferungs- und Asylrechts (1953), S. 10, 25.

[107] Die Grundrechtsqualität folgt nicht aus dem Wortlaut der Bestimmung, sondern aus ihrer Stellung im Grundrechtskatalog. Dennoch auftretende Zweifel werden durch die in der Praxis eindeutige Anwendung der Vorschrift als Grundrecht zurückgedrängt, vgl. *Doehring*, Asylrecht und Staatsschutz, in: ZaöRV Bd. 26 (1966), S. 33 ff., 36 f.

IV. Ausschluß der Auslieferung wegen politischer Taten

leistet, hat ein entsprechendes Auslieferungsverbot[108] Verfassungsrang erhalten. Für den Bereich des Ausländerpolizeirechts wollte der Gesetzgeber die durch das verfassungsrechtlich verbürgte Asylrecht gebotenen Folgerungen mit einer auf Art. 32 und 33 der Genfer Flüchtlingskonvention von 1951[109] abgestimmten Privilegierung politisch verfolgter Ausländer bei Ausweisung und Abschiebung ziehen: § 11 Abs. 2 AuslG beschränkt die *Ausweisung* politisch Verfolgter, die sich rechtmäßig im Geltungsbereich des Ausländergesetzes aufhalten; § 14 Abs. 1 S. 1 AuslG verbietet grundsätzlich die *Abschiebung* eines Ausländers in einen Staat, in dem sein Leben oder seine Freiheit wegen seiner Rasse, Religion, Staatsangehörigkeit, seiner Zugehörigkeit zu einer bestimmten sozialen Gruppe oder wegen seiner politischen Überzeugung bedroht ist. § 23 HAG schützt den heimatlosen Ausländer seit Inkrafttreten des Ausländergesetzes unter denselben Voraussetzungen vor Auslieferung und Ausweisung[110].

b) Das Verhältnis von § 3 DAG zu Art. 16 Abs. 2 S. 2 GG[111] und beider Vorschriften zu §§ 11 Abs. 2 und 14 Abs. 1 S. 2 AuslG[112] ist umstritten[113]. Es bedarf hier nur insoweit der Erörterung, als dies zur Klärung der Frage erforderlich ist, ob sich aus dem Verbot der Auslieferung wegen politischer Taten nach § 3 DAG ein selbständiges Ausweisungsverbot ergibt, das im Ergebnis ein Aufenthaltsrecht oder zumindest ein zu-

---

[108] *Grützner*, Auslieferungsverbot und Asylrecht, in: Die Grundrechte, hrsg. von Neumann, Nipperdey, Scheuner, Bd. 2 (1954), S. 583 ff.; *ders.*, „Auslieferung", in: WVR, 2. Aufl. Bd. 1 (1960), S. 115 f.; *Merl*, Das Asylrecht politisch Verfolgter nach Artikel 16 (2) 2 Grundgesetz (1968), S. 106 ff. mit weiteren Nachweisen.

[109] Die BRD hat dem Abkommen über die Rechtsstellung der Flüchtlinge v. 28. 7. 1951 mit Gesetz v. 1. 9. 1953 (BGBl. II, S. 559) zugestimmt; es ist für die BRD mit Wirkung vom 24. 12. 1953 in Kraft getreten. Für einen in persönlicher Hinsicht beschränkteren Bereich wird der Flüchtlingskonvention zugrunde liegende Schutzgedanke auch in der Vereinbarung über Flüchtlingsseeleute v. 23. 11. 1957 (BGBl. 1961 II, S. 828) verwirklicht, der die BRD ebenfalls beigetreten ist. Hierzu *Weis*, The Hague Agreement Relating to Refugee Seamen, in: ICLQ Bd. 7 (1958), S. 334 ff.

[110] Hierzu *Makarov*, Das internationale Flüchtlingsrecht und die Rechtsstellung heimatloser Ausländer nach dem Bundesgesetz v. 25. 4. 1951, in: ZaöRV Bd. 14 (1952), S. 431 ff., S. 459 f.

[111] Insbesondere die Frage der Vereinbarkeit von § 3 Abs. 3 DAG (Attentatsklausel) mit Art. 16 Abs. 2 S. 2 GG steht hier *nicht* zur Diskussion. Hierzu *Franz*, Grenzfragen des Asylrechts: Der politische Mord, in: JR 1961, S. 441; *Kimminich*, Bonner Kommentar, Art. 16, Rdnr. 159 ff. und dazu kritisch *Doehring*, Asylrecht und Staatsschutz, in: ZaöRV Bd. 26 (1966), S. 33 ff., S. 40.

[112] Hierzu ausführlich *Forgách*, Die Grenzen des von Art. 16 GG gewährten Asylrechts (1968), mit weiteren Nachweisen.

[113] BVerwG, Urteil v. 19. 6. 1969, in: VerwRspr. 20, S. 851 ließ die Frage, ob § 14 Abs. 1 Satz 2 AuslG mit Art. 16 Abs. 2 Satz 2 GG vereinbar ist, ausdrücklich unentschieden (weil die Klage nicht gegen einen die Abschiebung androhenden Verwaltungsakt gerichtet war).

sätzliches Verbot der Abschiebung des Betroffenen in den Verfolgerstaat entstehen läßt, welches nicht schon aus Art. 16 Abs. 2 S. 2 GG folgt.

Unstreitig[114] und aus den Materialien zum Grundgesetz einwandfrei nachweisbar[115] enthält Art. 16 Abs. 2 S. 2 GG jedenfalls *auch* ein *Auslieferungsverbot*[116]. Verschiedene Ansichten werden aber zur Frage der Abgrenzung des von diesem Auslieferungsverbot begünstigten Personenkreises vertreten. Diese Auseinandersetzung ist erheblich für die Beurteilung der Frage, ob dem § 3 DAG neben Art. 16 Abs. 2 S. 2 GG noch eine selbständige Funktion zukommt, der auch im Bereich des fremdenpolizeilichen Aufenthaltsrechts Geltung zu verschaffen ist. Die Kontroverse um den Begriff der politischen Verfolgung im Sinne des Art. 16 Abs. 2 S. 2 GG[117] ist in diesem Zusammenhang also nur aus der Perspektive des Auslieferungsrechts von Interesse und konzentriert sich auf die Frage, ob *jeder politische Täter* im Sinne des § 3 DAG zugleich auch *politisch Verfolgter* im Sinne des Art. 16 Abs. 2 S. 2 GG ist und infolgedessen in den Genuß des *verfassungsrechtlichen* Auslieferungsverbots kommt.

c) Die *praktische* Bedeutung dieser Frage dürfte der eingangs berichtete Fall[118] gezeigt haben: Obwohl feststand, daß dem Betroffenen im Bestimmungsland die Vollstreckung einer gegen ihn verhängten Reststrafe aus einer kriegsgerichtlichen Verurteilung drohte, derentwegen die Auslieferung nach § 3 DAG unzulässig gewesen wäre, hat das Gericht die Rechtmäßigkeit der Ausweisung und Abschiebung des Betroffenen in den Verfolgerstaat nicht unter dem Gesichtspunkt des

---

[114] Vgl. *Franz*, Das strikte Verbot der Ausweisung und Abschiebung politisch Verfolgter, in: NJW 1968, S. 1556 f.; *Kimminich*, Asylrecht (1968), S. 73 f.; *Merl*, Das Asylrecht politisch Verfolgter nach Art. 16 (2) 2 Grundgesetz (1968), S. 105 f.

[115] Vgl. die zahlreichen bei *Merl* auszugsweise abgedruckten Nachweise aus den Beratungen des Parlamentarischen Rats. Siehe auch *Grützner*, Auslieferungsverbot und Asylrecht, in: Die Grundrechte, Bd. 2 (1954), S. 596 ff. In den dem Art. 16 Abs. 2 S. 2 GG entsprechenden Bestimmungen der Verfassungen von *Bayern* v. 2. 12. 1946 (Art. 105, GVOBl. 1946, S. 333); *Hessen* v. 11. 12. 1946 (Art. 7 GVOBl. 1946, S. 229); *Rheinland-Pfalz* v. 18. 5. 1947 (Art. 16 Abs. 2, VOBl. 1947, S. 209) sowie in Art. 4 Abs. 2 des Herrenchiemseer Entwurfs, aus dem Art. 16 Abs. 2 S. 2 GG hervorgegangen ist, heißt es noch ausdrücklich, daß die näher bezeichneten Verfolgten nicht „ausgeliefert" werden. Es ist nie behauptet worden, daß durch die Verwendung des Wortes „*Asylrecht*" in der endgültigen Fassung des Art. 16 Abs. 2 S. 2 GG das ursprünglich ausdrücklich vorgesehene Auslieferungsverbot hätte beseitigt werden sollen.

[116] Vgl. BVerfGE 9, S. 174; 15, S. 249; 18, S. 112, BGHSt 3, S. 392; 8, S. 59; NJW 1961, S. 738.

[117] Hierzu im einzelnen *Forgách*, Die Grenzen des von Art. 16 GG gewährten Asylrechts (1968).

[118] Siehe D. IV. oben.

IV. Ausschluß der Auslieferung wegen politischer Taten

Asylrechts im Sinne von Art. 16 Abs. 2 S. 2 GG, sondern allein unter dem Gesichtspunkt der Auswirkung des Auslieferungsverbots nach § 3 DAG im Fremdenpolizeirecht geprüft. Die Nichterwähnung des Art. 16 Abs. 2 S. 2 GG legt den Gedanken nahe, daß eine politische Verfolgung im Sinne dieser Vorschrift nicht zur Überzeugung des Gerichts festgestellt worden war.

Bei seinen Erwägungen ging das Gericht davon aus, daß § 3 DAG eine *unmittelbare* Schutzwirkung zugunsten der unter diese Vorschrift fallenden Personen entfalte, der selbst durch die Vorschriften des Ausländergesetzes zur Privilegierung Asylberechtigter nicht hinreichend Rechnung getragen werde. Da die sich aus der Ausweisungsanordnung ergebende Pflicht zum unverzüglichen Verlassen des Bundesgebiets vom Betroffenen regelmäßig nur erfüllt werden könne, wenn er in das für ihn in Betracht kommende Aufnahmeland, nämlich seine Heimat, ausreise, würde er, falls der Heimatstaat zugleich der Verfolgerstaat ist, zu einem Verhalten genötigt, das zum Verlust seines auslieferungsrechtlichen Schutzes führen würde. Das Gericht räumt zwar ein, daß eine Ausweisung nicht schlechthin unzulässig sei, wenn sie einer verbotenen Auslieferung im Ergebnis gleichkomme, eine Absicht zur Umgehung des Auslieferungsverbots aber nicht bestehe. Mit Rücksicht auf den Charakter der Ausweisung als Sicherheitsmaßnahme des Aufenthaltsstaates, für die allein innerstaatliche Bedürfnisse ausschlaggebend seien, müsse nämlich diesen gegenüber der Auslieferungsschutz zurücktreten, wenn die Ausweisung aus schwerwiegenden Gründen der öffentlichen Sicherheit oder Ordnung notwendig sei.

Dem Grundsatz nach entnimmt das Gericht dem § 3 DAG nach alledem eine unmittelbare *Schutzwirkung gegen die Ausweisung politischer Täter*, ohne dabei auf die Voraussetzungen des § 11 Abs. 2 AuslG für eine derartige, vom Gesetz auf einen bestimmten Personenkreis beschränkte Privilegierung abzustellen. Nach Ansicht des Gerichts genügt es auch nicht, die angebliche Schutzwirkung des § 3 DAG erst bei der Abschiebung zu berücksichtigen. Ob das Vollstreckungsverfahren in einer Weise erfolge, die es dem Ausländer ermögliche, den ihm zustehenden Schutz nach dem Auslieferungsrecht zur Geltung zu bringen, stelle eine Ungewißheit dar, mit der die Wirksamkeit dieses Schutzes nicht belastet werden dürfe. „Den Belangen des auslieferungsrechtlich geschützten Ausländers wird auch nicht hinreichend durch die bei der Androhung der Abschiebung zu beachtende Vorschrift des § 14 Abs. 1 S. 1 AuslG Rechnung getragen, nach dem allgemein ein Ausländer nicht in einen Staat abgeschoben werden darf, in dem er an Leib und Leben oder in seiner Freiheit wegen seiner politischen Überzeugung bedroht ist. Denn dieser Schutz steht nach Satz 2 unter dem Vorbehalt schwerwiegender Gründe der Sicherheit und Allgemeinheit, der von den Voraussetzungen abweicht, unter denen die Ausweisung eines auslieferungsrechtlich geschützten Ausländers zulässig ist[119]."

d) Damit wird § 3 DAG eine Durchschlagskraft beigemessen, die dieser Vorschrift neben Art. 16 Abs. 2 S. 2 GG nicht zukommt. Eine Untersuchung von Literatur und Rechtsprechung zur Frage des Verhältnisses von § 3 DAG zu Art. 16 Abs. 2 S. 2 GG ergibt folgendes Bild:

aa) Nach den Materialien zu Art. 16 Abs. 2 S. 2 GG[120], die eine — jedenfalls anfänglich — starke Orientierung der Schöpfer des Grundgesetzes an den Besonderheiten des Auslieferungsrechts erkennen lassen[121], liegt der Gedanke nahe, jede wegen einer politischen Straftat im Sinne des § 3 DAG eingeleitete Strafverfolgung als politische Verfolgung im Sinne des Art. 16 Abs. 2 S. 2 GG anzusehen[122]. Diese Auffassung wird auch von einer Reihe von Autoren vertreten, die voneinander allerdings insofern abweichen, als die einen den Schutz des Art. 16 Abs. 2 S. 2 GG im wesentlichen auf die politischen Täter des § 3 DAG *beschränken*[123], während die anderen den Begriff der politischen Verfolgung über den sich aus § 3 DAG ergebenden Personenkreis hinaus *ausdehnen* wollen[124].

Zu der hier im Vordergrund stehenden Frage sagt *Kimminich* besonders deutlich, daß mit dem Kreis der Asylberechtigten nach Art. 16 Abs. 2 S. 2 GG zugleich auch der Kreis der Nichtauszuliefernden bestimmt sei, ohne daß es auf die Definition in § 3 DAG noch entscheidend

---

[119] OVG Münster, Urteil v. 1. 10. 1968, abgedruckt in: DÖV 1969, S. 469.

[120] Siehe die Dokumentation der Materialien zum Grundgesetz, in: AöR Bd. 1 N.F.

[121] Vgl. Beratungen des *Parlamentarischen Rates*, Hauptausschuß, Sten. Prot. S. 217, 582 f.; 4. Sitzung des Grundsatzausschusses v. 23. 9. 1948, Sten. Prot. S. 36 ff.; auch Art. 4 Abs. 2 des Entwurfs eines Grundgesetzes des Verfassungsausschusses der Ministerpräsidentenkonferenz der westlichen Besatzungszonen (Herrenchiemseer Entwurf) und die Entwürfe des Allgemeinen Redaktionsausschusses v. 16. 11. 1948 (Drs. 282) und v. 13. 12. 1948 (Drs. 370) behandeln das Asylrecht im Zusammenhang mit Auslieferungsbeschränkungen.

[122] Vgl. *Kimminich*, Asylrecht (1968), S. 80; *Lange*, Grundfragen des Auslieferungs- und Asylrechts (1953), S. 10.

[123] *Herlan*, Anmerkung zum Beschluß des OLG Düsseldorf v. 14. 12. 1959, in: MDR 1951, S. 182 ff.; *Mettgenberg-Doerner*, DAG, S. 270; *Meyer*, Die Einlieferung (1953), S. 92 („... die Bedeutung des Art. 16 Abs. 2 S. 2 GG [dürfte sich] in einer schlagwortartigen Wiederholung und verfassungskräftigen Sicherung (Art. 1 Abs. 3, 79 GG) des in § 3 DAG zum Ausdruck gekommenen Rechtsgedankens und in einem Programmsatz ohne eigentlich rechtlichen Gehalt *jedenfalls auf dem Gebiet der Auslieferung* erschöpfen".

[124] *Grützner*, Auslieferungsverbot und Asylrecht, in: Die Grundrechte Bd. 2 (1954), S. 583 ff., 602; *Mohn*, Probleme des Asylrechts politisch Verfolgter (1966), S. 27; *Feneberg*, Das Recht der politisch Verfolgten in der BRD, in: 2. Internationales Asyl-Colloquium (1964), Schriftenreihe der Deutschen Nansen-Gesellschaft, Heft 4, S. 65 ff. (68).

IV. Ausschluß der Auslieferung wegen politischer Taten

ankäme, da „der politische Verbrecher im Sinne des § 3 DAG stets auch politisch Verfolgter im Sinne des Art. 16 GG ist"[125]. Die logische Folge dieser Ansicht ist, daß jeder politische Täter im Sinne des § 3 DAG Asylrecht nach Art. 16 GG genießt und schon deswegen nicht an den Verfolgerstaat ausgeliefert werden darf[126].

Die *Gerichte* haben bisher nur ausgesprochen, daß der Begriff des politisch Verfolgten *nicht* auf den in § 3 DAG genannten Personenkreis beschränkt ist[127]. Eine ausdrückliche Feststellung dahin, daß jeder politische Täter im Sinne von § 3 DAG auch als politisch Verfolgter anzusehen sei, findet sich jedoch nicht[128].

bb) Im *Schrifttum* ist die Annahme, daß § 3 DAG im Asylrecht des Art. 16 Abs. 2 S. 2 GG aufgehe und daß infolgedessen jeder politische Verbrecher an der „gesteigerten Festigkeit der Asylverheißung"[129] teilnehme, zunehmend auf *Ablehnung* gestoßen.

Vor allem *von Weber*[130] hat die konstituierenden Merkmale der politischen Verfolgung im Sinne des Art. 16 GG neu ins Licht gerückt: ihre politische Motivierung und die sie begleitende Verletzung rechtsstaatlicher Grundsätze machen eine Verfolgung zu einer solchen politischen Charakters, während der Begriff der politischen Tat auf die objektiven Voraussetzungen des § 3 Abs. 2 DAG festgelegt ist. Das Asylrecht des

---

[125] *Kimminich*, in: Bonner Kommentar, Rdnr. 157 zu Art. 16 GG; *ders.*, Asylrecht (1968), S. 80: „... gerade die strafrechtliche Verfolgung politischer Delikte (ist) ohne weiteres als politische Verfolgung anzusehen ..."
[126] Diese Auffassung ergibt sich aus dem Gesamtzusammenhang der von *Kimminich* vertretenen Lehre vom „absoluten" Asylrecht, siehe insbesondere *Kimminich*, Zur Theorie der immanenten Schranken des Asylrechts, in: JZ 1965, S. 739 f. Kritisch hierzu und ablehnend *Doehring*, Asylrecht und Staatsschutz, in: ZaöRV Bd. 26 (1966), S. 32 ff. (40).
[127] Vgl. BVerfGE 9, S. 174; BGHSt 3, S. 392 (Fall *Lestrel*).
[128] Vgl. *Doehring*, Asylrecht und Staatsschutz, in: ZaöRV Bd. 26 (1966), S. 33 ff., 40 f., der den einschlägigen Entscheidungen des Bundesverfassungsgerichts eine Tendenz zu einer differenzierenden Auslegung des Begriffs der politischen Verfolgung entnimmt. Für die Rechtsprechung des Bundesgerichtshofs kann in diesem Zusammenhang auf folgende Ausführungen in BGHSt Bd. 3, S. 392 ff. (Fall *Lestrel*) verwiesen werden: „... das Auslieferungsverbot [des Art. 16 Abs. 2 S. 2 GG ist] nicht auf die im § 3 DAG bezeichneten Verfolgten beschränkt, sondern es umfaßt auch die wegen nichtpolitischer Delikte Verfolgten, wenn diese im Falle ihrer Auslieferung in ihrem Heimatstaat aus politischen Gründen Verfolgungsmaßnahmen mit Gefahr für Leib und Leben oder Beschränkungen ihrer persönlichen Freiheit ausgesetzt wären." Siehe auch BGH, Beschluß vom 11. 1. 1961, in: NJW 1961, S. 739; BGHSt 18, 218 = JZ 1963, S. 515 mit Anmerkung von *von Weber*.
[129] *Franz*, Das strikte Verbot der Ausweisung und Abschiebung politisch Verfolgter, in: NJW 1968, S. 1556 ff., 1559.
[130] *von Weber*, Die Auslieferung bei politischen Delikten, in: Erinnerungsgabe für Max Grünhut, S. 161 ff., 166.

Art. 16 Abs. 2 S. 2 GG schützt den politisch Verfolgten unabhängig davon, ob er ein gemeines oder politisches Delikt begangen hat. Es schützt ihn bei einem politischen Delikt allerdings nur, wenn er *politisch* Verfolgter ist. Art. 16 Abs. 2 S. 2 GG bringt also nicht eine bloße Ausweitung des nach § 3 DAG schon bestehenden Asyls, sondern tritt als eigenständiges, neues Asyl neben den im Auslieferungsgesetz verankerten Grundsatz der Nichtauslieferung bei politischen Taten. § 3 DAG und Art. 16 Abs. 2 S. 2 GG überschneiden sich hinsichtlich des in ihren Anwendungsbereich fallenden Personenkreises, wenngleich in vielen Fällen beide Bestimmungen zutreffend sein mögen, die Kreise sich also weitgehend decken[131].

Nach *Doehring* ist das Konzept der politischen Verfolgung seinem typischen Gehalt nach auf dem Hintergrund einer politischen *Freund-Feind*-Situation zu sehen, aus der sich die Notwendigkeit, überhaupt Asyl gewähren zu müssen, ergibt[132]. Von diesem Ansatzpunkt aus äußert er Bedenken dagegen, jeden Hoch- und Landesverräter als politisch Verfolgten anzuerkennen. Die Tatsache, daß solche Täter auch im Rechtsstaat aus verständlichen Gründen verfolgt werden, läßt es ihm zweifelhaft erscheinen, ob es sich dabei auch immer zugleich um eine Verfolgung im Sinne des Art. 16 GG handle[133].

Mehr vom Begriff der politischen Tat im Sinne des § 3 DAG ausgehend hat *Franz* dargelegt, daß nicht jeder politische Verbrecher, dessen Auslieferung nach § 3 DAG ausgeschlossen ist, in den Genuß des verfassungsrechtlichen Asylrechts komme[134].

cc) Diese so zwischen Schutz vor Auslieferung und Asylrecht *differenzierende Auffassung*[135] erweist sich schon im Hinblick auf den Wortlaut der fraglichen Bestimmungen als überzeugend. Zwar wird die Auslegung des Begriffs der Verfolgung in Art. 16 Abs. 2 S. 2 GG dadurch erschwert, daß die deutsche Sprache nicht die Möglichkeit gibt, mit *einem* Wort zwischen strafrechtlicher Verfolgung und Verfolgung im

---

[131] *von Weber*, ibidem.

[132] Die Erkenntnis dieses Tatbestandes spricht auch aus der vom Hohen Kommissar der Vereinten Nationen am 20. 10. 1969 bei der Eröffnung der 20. Tagung des Exekutiv-Komitees zum Ausdruck gebrachten Hoffnung, „that one day states will no longer produce refugees so that one day peace and justice will prevail and the Office may no longer be needed" (Provisional Text of the Oral Statement made by the High Commissioner at the Opening Meeting of the 20th Session —MHCR/140/69, GE. 69—23450, S. 7).

[133] *Doehring*, Asylrecht und Staatsschutz, in: ZaöRV Bd. 26 (1966), S. 33 ff., 39.

[134] *Franz*, Das strikte Verbot der Ausweisung und Abschiebung politisch Verfolgter, in: NJW 1968, S. 1556 ff., 1559.

[135] Vgl. auch *Vogler*, Aktuelle Probleme der Auslieferung, in: ZStW Bd. 81 (1969), S. 163 ff., 177.

IV. Ausschluß der Auslieferung wegen politischer Taten

weiteren Sinne wie im Englischen und Französischen zu unterscheiden, wo eine solche Differenzierung bereits mit den Begriffen *„prosecution"* und *„persecution"*[136] bzw. *„poursuite"* und *„persécution"* zum Ausdruck gebracht werden kann[137]. Das hier interessierende Verhältnis zwischen § 3 DAG und Art. 16 Abs. 2 S. 2 GG wird aber nicht so sehr von dem sowohl für das Asylrecht als auch im Auslieferungsrecht gebräuchlichen Begriff des Verfolgten bzw. der Verfolgung bestimmt als durch den Gegensatz des jeweils zusammengesetzten Begriffs der *„politischen Verfolgung"* (Art. 16 GG) einerseits und der *„politischen Tat"* (§ 3 DAG) andererseits.

Während Art. 16 Abs. 2 S. 2 GG auf Art und Grund einer Verfolgung abstellt, von der der Asylsuchende bedroht wird, kommt es nach § 3 DAG allein darauf an, ob die Tat, derentwegen die Auslieferung verlangt wird, eine politische ist, was schon nach Auffassung des Reichsgerichts „nur aus der Gestaltung der Tat selbst beantwortet werden [kann]. Die Art des zur Verfolgung eingeschlagenen Verfahrens beweist dafür in der Regel nichts"[138].

e) Hinsichtlich der begrifflichen Festlegung der *„politischen Tat"* hat sich der Gesetzgeber des Auslieferungsgesetzes eindeutig für einen *objektiven* Beurteilungsmaßstab entschieden[139], also allein auf die Art der Tat abgestellt. Auf den Beweggrund des Täters und das von ihm mit der Tat verfolgte Ziel kommt es somit nicht an[140]. Demgemäß ist

---

[136] Die Verwendung des Begriffs *„prosecution"* in Art. 3 Nr. 2 des Europäischen Auslieferungsübereinkommens v. 13. 12. 1957 (BGBl. 1964 II, S. 131 ff.) überrascht zunächst, weil man eine Verfolgung „on account of ... race, religion, nationality or political opinion" mit *„persecution"* zu übersetzen geneigt ist. Der an der fraglichen Stelle verwendete Begriff *„prosecution"* ist aber deshalb angebracht, weil er sich auf ein Auslieferungsersuchen wegen eines *gemeinen* Verbrechens bezieht.

[137] Hierzu *Franz,* Das Asylrecht im Schatten der Flüchtlingskonvention, in: DVBl. 1966, S. 623—630, S. 627. Vgl. die Verwendung der Begriffe in Art. 14 der Allgemeinen Menschenrechtserklärung, hierzu *Franz,* Das Asylrecht der politisch verfolgten Fremden nach internationalem und deutschem Recht (1961), S. 52; für die Unterscheidung *persecution - prosecution* im Bereich der Genfer Flüchtlingskonvention von 1951 siehe *Zink,* Das Asylrecht in der Bundesrepublik Deutschland nach dem Abkommen vom 28. Juli 1951 über die Rechtsstellung der Flüchtlinge (1962); *Grahl-Madsen,* The Status of Refugees in International Law Bd. 1 — Refugee Character — (1966), S. 188 ff., S. 192; Gutachten der *Hohen Flüchtlingskommission,* in: RzW 1968, S. 150, 151.

[138] RGSt Bd. 67, S. 150 = Ausl. Rspr., S. 36 Nr. 1.

[139] Der einzige Vorstoß für eine *subjektive* Bestimmung der politischen Straftaten, ein im Gesetzgebungsverfahren von Abgeordneten der kommunistischen Partei eingebrachter Änderungsantrag dahin, alle aus politischen Beweggründen begangenen Gesetzesverletzungen als politische Straftaten zu behandeln, wurde vom Reichstag abgelehnt, vgl. *Mettgenberg-Doerner,* DAG, S. 233.

[140] *Mettgenberg-Doerner,* DAG, S. 233.

auch der aus niedersten Beweggründen unternommene unmittelbare oder zweckbestimmt mittelbare Angriff gegen eines der in § 3 Abs. 2 DAG abschließend[141] aufgeführten Rechtsgüter grundsätzlich eine politische Tat, es sei denn, die Voraussetzungen der Ausnahmeklausel des § 3 Abs. 3 DAG seien erfüllt.

Für den Begriff der *politischen Verfolgung* im Sinne des Art. 16 Abs. 2 S. 2 GG kommt es dagegen auf ein aktives Verhalten des Asylsuchenden gar nicht an[142]. Ausschlaggebend sind der Grund und die Art der drohenden Verfolgung[143]. Wer als „*öffentlicher Feind*" des Verfolgerstaates, als „spezieller Feind einer speziellen politischen Einheit", als „Gesinnungsfeind der bestehenden Macht" verfolgt wird, soll Asyl genießen[144]. „Die adverbielle Bestimmung ‚politisch' stellt auf die Verhältnisse und auf die Zielrichtung des Verfolgerstaates ab; sie umschreibt eine staatliche Verfolgung, die nicht durch sachliche Beweggründe, etwa den der Verbrechensbekämpfung, gedeckt wird (‚persecution' im Gegensatz zu ‚prosecution')"[145].

f) Aus alledem ergibt sich, daß auch bei Abgrenzung des einfachen Auslieferungsverbots nach § 3 DAG und des verfassungsrechtlich im Asylrecht garantierten Anspruchs auf Nichtauslieferung an den Verfolgerstaat die oben festgestellte allgemeine *Tendenz zur Konzentrierung des Asylschutzes auf den politisch Verfolgten*[146] zutage tritt. Eine Beschränkung des Verbots der Auslieferung wegen politischer Straftaten auf diejenigen Fälle, in denen die Strafverfolgung wegen des politischen Delikts zugleich eine politische Verfolgung im Sinne von Art. 16 Abs. 2 S. 2 GG darstellt, wird *de lege ferenda* durch diese Entwicklung erleichtert[147].

---

[141] BGHSt Bd. 2, S. 162.

[142] Vgl. VG Ansbach v. 10. 9. 1957 für den Verfolgungsbegriff in Art. 1 A Nr. 2 der Genfer Flüchtlingskonvention von 1951, auszugsweise abgedruckt bei *Grahl-Madsen*, The Status of Refugees, in: International Law Bd. 1 — Refugee Character — 1966, S. 192.

[143] Vgl. u. a. BGH, Beschluß vom 11. 1. 1961, in: NJW 1961, S. 739, wonach die politische Natur eines Meuchelmordes kein Asylrecht i. S. von Art. 16 Abs. 2 Satz 2 GG begründet, d. h. die Auslieferung bewilligt werden darf, *sofern* Gewähr gegeben ist, daß der Verfolgte nicht aus politischen Gründen Verfolgungsmaßnahmen mit Gefahr für Leib oder Leben oder Beschränkungen der persönlichen Freiheit ausgesetzt ist.

[144] *Doehring*, Asylrecht und Staatsschutz, in: ZaöRV Bd. 26 (1966), S. 33 ff., 41.

[145] *Franz*, Das strikte Verbot der Ausweisung und Abschiebung politisch Verfolgter, in: NJW 1968, S. 1556 ff., 1559.

[146] Siehe oben D. IV. 1.

[147] Vgl. *Grützner*, Aktuelle Probleme der Auslieferung, in: ZStW Bd. 81 (1969), S. 117; *Vogler*, ibid., S. 163 ff., 178. Siehe auch Punkt IV. der „Entschließungen des vorbereitenden Kolloquiums zum Thema IV (des 10. Kongresses für internationales Strafrecht in Rom 1969) ‚Aktuelle Probleme

IV. Ausschluß der Auslieferung wegen politischer Taten   115

Ob und in welchem Umfang das Verbot des § 3 DAG eingeschränkt werden sollte, hängt davon ab, welches Gewicht der dem Grundsatz der Nichtauslieferung politischer Täter verbleibenden Funktion heute noch beigemessen wird. Insofern sind nach Maßgabe der hier behandelten Fragestellung im folgenden allerdings nur die Aspekte zu untersuchen, die Rückschlüsse auf die Tragweite des speziell in § 3 DAG verankerten Auslieferungsverbots zulassen.

3. § 3 DAG im Lichte der Interessen des ersuchten Staates

Die vorausgehenden Untersuchungen haben gezeigt, daß die humanitären Aspekte des Grundsatzes der Nichtauslieferung wegen politischer Taten einer allgemeinen Tendenz folgend mit dem Asylschutz für politisch Verfolgte nach Art. 16 Abs. 2 S. 2 GG identifiziert werden und darauf beschränkt bleiben. Ist der politische *Täter* nicht zugleich auch politisch *Verfolgter*, kommt also der individuelle Asylschutz nicht zur Geltung, so treten die Interessen des ersuchten Staates in den Vordergrund[148]. Vor allem zwei Gründe lassen es den Staaten erstrebenswert erscheinen, am Grundsatz der Nichtauslieferung politischer Täter festzuhalten: neutralitäts- und machtpolitische Erwägungen[149].

Kann die Auslieferung eines politischen Täters als Stellungnahme zu innenpolitischen, mit Strafe bedrohten Auseinandersetzungen im ersuchenden Staat aufgefaßt werden, so besteht die Gefahr, daß sie zu erheblichen Belastungen der zwischenstaatlichen Beziehungen führt oder

---

der Auslieferung'", abgedruckt in: ZStW Bd. 81 (1969), S. 243 ff. (244): „Die Auslieferung *kann* verweigert werden, wenn die verfolgte Tat nach dem Recht des ersuchten Staates ein politisches Delikt darstellt. Diese Beschränkung der Auslieferung gilt nicht, wenn die verfolgte Tat ein Verbrechen gegen die Menschlichkeit, ein Kriegsverbrechen oder ein schweres Verbrechen im Sinne der Genfer Abkommen von 1949 ist. Das Auslieferungsprivileg der politischen Tat ist durch eine allgemeine Regelung zu ergänzen, die dem ersuchten Staat gestattet, die Auslieferung abzulehnen, wenn zu befürchten ist, daß der gegen den Verfolgten geführte Strafprozeß nicht den rechtlichen Mindestanforderungen genügt, die auf internationaler Ebene an ein Strafverfahren zu stellen sind, oder daß der Verfolgte einem menschenunwürdigen Strafvollzug überantwortet wird."

[148] Die Entscheidung darüber, ob eine politische Tat vorliegt, ist dem Ermessen des ersuchten Staates vorbehalten: siehe z. B. Art. 3 Abs. 1 des Europäischen Auslieferungsübereinkommens v. 13. 12. 1957, BGBl. 1964 II, S. 1371 ff.; Art. 2 der Draft Convention on Territorial Asylum der International Law Association, Report of the 53rd Conference, Buenos Aires 1968, S. 276; vgl. auch das Urteil des IGH im Haya-de-la-Torre-Fall v. 20. 11. 1950, J.C.J Reports 1950, S. 266 ff.

[149] Darin liegt auch der Grund dafür, daß der Internationalen Kriminalpolizeilichen Organisation (Interpol) durch Art. 3 ihrer Statuten jede Betätigung oder Mitwirkung in Fragen oder Angelegenheiten *politischen* und *militärischen* Charakters untersagt ist, vgl. Internationale Kriminalpolizeiliche Revue, 1956, S. 235.

gar als Einmischung in innere Angelegenheiten des ersuchenden Staates gewertet wird[150]. Auf der anderen Seite kann aber auch die *Ablehnung* eines Auslieferungsersuchens mit der Begründung, es handle sich um eine politische Tat, die Beziehungen der beteiligten Staaten belasten, zumal bei den gerichtlichen Feststellungen über den Charakter der Tat im Rahmen eines Auslieferungsverfahrens die politischen Verhältnisse im ersuchenden Land zur Sprache gebracht werden dürften. Diese in der tatsächlichen Gestaltung des zwischenstaatlichen Verkehrs sich auswirkenden Belastungsmomente können auch nicht durch den Hinweis auf den rein rechtlichen Gesichtspunkt beseitigt werden, daß die staatliche Inanspruchnahme des völkerrechtlich anerkannten Asylrechts *nicht* als *unfreundlicher Akt* im Sinne des Völkerrechts zu werten ist[151].

Immerhin mag die Gefahr, in innerpolitische Auseinandersetzungen des ersuchenden Staates hineingezogen zu werden, bei der Bewilligung der Auslieferung politischer Täter größer sein als bei ihrer Ablehnung. Mit Rücksicht auf die nicht selten vorhandenen außenpolitischen Aspekte politischer Straftaten ist aber vor allem auch der Fall ins Auge zu fassen, daß die Bewilligung der Auslieferung eines politischen Täters von dritten Staaten, die an dem Ausgang der zugrunde liegenden Streitigkeiten interessiert sind, als eine ihre Beziehungen zum ersuchten Staat belastende Stellungnahme aufgefaßt werden könnte, eine Situation, die der ersuchte Staat durch generelle Ablehnung der Auslieferung wegen politischer Taten vermeiden will.

Schwerer als die Rücksichtnahme auf die auswärtigen Beziehungen und das Gebot der Nichtintervention dürften aber machtpolitische Gesichtspunkte wiegen, die dem ersuchten Staat die Ablehnung der Auslieferung politischer Täter geraten erscheinen lassen. Angesichts des Konkurrenzkampfes, der das Verhältnis von Staaten, die nicht durch Verträge besonders miteinander verbunden sind, gemeinhin beherrscht[152], ist grundsätzlich kein Staat daran interessiert, Regierungen

---

[150] *Fraustädter*, DAG (1930), S. 35 f.; *Schultz*, Das Schweizerische Auslieferungsrecht (1953), § 12; *ders.*, Aktuelle Probleme der Auslieferung, Vorläufiger Generalbericht zum vorbereiteten Kolloquium, in: ZStW Bd. 81 (1969), S. 199 ff., 220; *von Weber*, Die Auslieferung bei politischen Delikten, in: Erinnerungsgabe für Max Grünhut, S. 161 ff., 169; *Doehring*, Asylrecht und Staatsschutz, in: ZaöRV Bd. 26 (1966), S. 33 ff., 45.

[151] Vgl. Resolution Nr. 2312 (XXII) der UN-Vollversammlung v. 14. 12. 1967 („Declaration on Territorial Asylum") und Art. II Abs. 2 der Konvention der Organization of African Unity, „Governing the Specific Aspects of Refugee Problems in Africa", Adopted by the Assembly of Heads of State and Government at its Sixth Ordinary Session (Addis Abeba, September 1969),

[152] Hierzu *von Weber*, Die Auslieferung bei politischen Delikten, in: Erinnerungsgabe für Max Grünhut, S. 161 ff., 169. So schon *von Mohl*, Die völkerrechtliche Lehre vom Asyle, in: Staatsrecht, Völkerrecht und Politik,

IV. Ausschluß der Auslieferung wegen politischer Taten

konkurrierender oder gar feindlicher Staaten bei der Bekämpfung ihrer aktivsten Widersacher Beistand zu leisten[153].

Im Zuge dieser Entwicklung werden Neutralitätsverletzungen durch Auslieferung immer unwahrscheinlicher. Es zeigt sich, daß das Prinzip der Nichtauslieferung politischer Täter umso entbehrlicher wird, je stärker die Beziehungen der am Auslieferungsverfahren beteiligten Staaten zueinander schon wegen weitgehender Übereinstimmung in der politischen Grundeinstellung auf Kooperation ausgerichtet sind[154].

Dies gilt besonders augenfällig für die *skandinavischen* Länder, die den Grundsatz der Nichtauslieferung politischer Täter für ihr Verhältnis untereinander durch parallele Landesgesetzgebung aufgegeben haben[155]. Auch Auslieferungsverträge zwischen *Ostblockstaaten* enthalten mit Rücksicht auf den „gemeinsamen Kampf für den Frieden und gegen die Versuche der imperialistischen Agenturen, den Aufbau des Sozialismus zu stören"[156], keine Ausnahmen mehr von der Auslieferung bei politischen Taten[157]. Aus besonders engen politischen Verbindungen sind Rechtshilfeverträge *Frankreichs* mit einigen seiner selbständig gewordenen Gebiete hervorgegangen, die eine Sonderbehandlung politischer Straftäter nicht vorsehen[158].

Eine gegenläufige Entwicklung, die den festgestellten Erfahrungsgrundsatz bestätigt, läßt sich im *Commonwealthbereich* feststellen. Hier ist mit wachsender Eigenständigkeit der einzelnen Commonwealth-Staaten der Grundsatz der Nichtauslieferung politischer Täter auch im Verhältnis von Mitgliedsstaaten zunehmend anerkannt worden[159].

Bd. 1 (1860), S. 717; *Walker*, Über politische Verbrechen und Asylrecht, in: Zeitschrift für öffentliches Recht, Bd. 4 (1925), S. 335 ff. (336).

[153] Vgl. *Franz*, Die Wandlung des Asylrechts vom Souveränitätsrecht des Staates zum Freiheitsrecht des Einzelnen, in: 2. Internationales Asyl-Colloquium (1964), Schriftenreihe der Deutschen Nansen-Gesellschaft, Heft 4, S. 133 ff., 134.

[154] Vgl. *Schultz*, Aktuelle Probleme der Auslieferung, Vorläufiger Generalbericht zum vorbereitenden Kolloquium, in: ZStW Bd. 81 (1969), S. 199 ff., 222 mit weiteren Nachweisen.

[155] Zu den in der Zeit von 1959—1962 ergangenen Gesetzen siehe *Falk*, Les problèmes actuels de l'extradition — Suede, in: Revue International de Droit Pénal 3. Jg. (1968), S. 716 f. Das schwedische Gesetz vom 5. 6. 1959 ist veröffentlicht in: Svensk författningssamling 1959, Nr. 254.

[156] *von Weber*, Die Auslieferung bei politischen Delikten, in: Erinnerungsgabe für Max Grünhut, S. 161 ff., 164.

[157] Vgl. *Dimitrijević*, Političko krivično delo i ekstradicija-Political Offence and Extradition (Summary), in: Jugoslavenska Revija za Kriminologiju i Krivično Pravo, Bd. VI (1968), S. 198 ff.

[158] Vgl. *Aymond*, „Extradition", in: Dalloz, Encyclopédie Juridique, Repertoire de Droit International ,Bd. 1 (1968), S. 808 ff., 810 Nr. 16; *Decocq*, La livraison des délinquants en dehors du droit commun de l'extradition, in: Revue critique de droit international privé, Bd. 53 (1964), S. 411 ff.

[159] Vgl. *O'Higgins*, Extradition within the Commonwealth, 9 ICLQ 1960,

118 D. Auslieferung und Ausweisung im Lichte der Grundsätze des DAG

Auf der gleichen Linie liegt die vor allem von *von Weber* herausgearbeitete Bedeutung des Zusammenhangs zwischen dem Grundsatz der Nichtauslieferung wegen politischer Taten und der Regelung des nationalen Strafrechtsschutzes für ausländische staatliche Rechtsgüter[160]. Die von von Weber angeführten Beispiele machen deutlich, daß das Bedürfnis, die Auslieferung politischer Täter zu verweigern, in dem Maße abnehmen kann, in dem der Schutz ausländischer staatlicher Rechtsgüter im inländischen Strafrecht verstärkt wird[161]. Ein Beispiel hierfür bieten vor allem die Ostblockstaaten, in denen die Beseitigung des Auslieferungsprivilegs für politische Täter besonders deutlich als Korrelat des strafrechtlichen Schutzes ausländischer staatlicher Rechtsgüter erscheint[162].

S. 486 f. für den Rechtszustand vor der durch die Konferenz der Justizminister der Commonwealth-Staaten v. 26. 4. bis 3. 5. 1966 ausgelösten Entwicklung. Zu dem bei dieser Konferenz verabschiedeten „Scheme relating to the Rendition of Fugitive Offenders within the Commonwealth", Cmdn. 3008, insbesondere zu Art. 9, der den Ausschluß politischer Täter von der Überstellung in den Verfolgerstaat behandelt, siehe *Weis*, Recent Developments in the Law of Territorial Asylum, in: Revue des Droits de l'Homme-Human Rights Journal, Bd. 1 (1968), S. 378 ff.

[160] *von Weber*, Die Auslieferung bei politischen Delikten, in: Erinnerungsgabe für Max Grünhut, S. 166 f.; siehe auch *Doehring*, Asylrecht und Staatsschutz, in: ZaöRV Bd. 26 (1966), S. 33 ff., 45.

[161] *von Weber*, Die Auslieferung bei politischen Delikten, in: Erinnerungsgabe für Max Grünhut, S. 161 ff., 163 f., 169; vgl. *Schultz*, Aktuelle Probleme der Auslieferung, Vorläufiger Generalbericht zum vorbereitenden Kolloquium, in: ZStW Bd. 81 (1969), S. 199 ff., 222. Wohl mehr im Hinblick auf die Beibehaltung des Prinzips der Nichtauslieferung politischer Täter wird dessen Zusammenhang mit der Frage des strafrechtlichen Schutzes politischer Rechtsgüter des Verfolgerstaates durch das Recht des Aufenthaltsstaates auch in Nr. 3 der Diskussionsvorschläge *Greens* für das Committee on the Legal Aspects of the Problem of Asylum, International Law Association. Tokyo Conference (1964), Konferenzdokument, S. 37 berücksichtigt: "Steps should be taken to ensure that a person accused of espionage, escaping to the territory of a State allied to that against which the offence has been committed, is not able to take advantage of the normal protecion offered to a political offender so as to enable him to go free, and, if he wishes, continue his espionage against the receiving State. It may, therefore, be necessary to widen the jurisdiction of States to cover espionage against their allies."

[162] Vgl. Strafgesetzbuch der UdSSR vom 27. 10. 1960 in der Fassung vom 6. 5. 1963, in: Sammlung Außerdeutscher Strafgesetzbücher in deutscher Übersetzung, hrsg. von *Jescheck*, Nr. 82 (1964), Art. 73: „Kraft der internationalen Solidarität der Werktätigen werden besonders gefährliche Staatsverbrechen, die gegen einen anderen Staat der Werktätigen begangen wurden, entsprechend den Artikeln 64—72 dieses Gesetzbuches bestraft" (Art. 64 ff. stellen u. a. Vaterlandsverrat, Spionage unter Strafe). Wegen der entsprechenden Bestimmungen in den Strafgesetzen *Rumäniens*, *Ungarns* und der *CSSR* siehe *von Weber*, Die Auslieferung bei politischen Delikten, in: Erinnerungsgabe für Max Grünhut, S. 161 ff., 164, Anmerkung 20 und das Sammelwerk „Der Strafrechtliche Staatsschutz in der Sowjetunion, der Tschechoslowakei, Ungarn und Polen": Studien des Instituts für Ostrecht, Bd. 15 (1963), S. 135, 217.

IV. Ausschluß der Auslieferung wegen politischer Taten   119

Das deutsche Strafrecht beschränkt sich grundsätzlich auf den Schutz der *inländischen* staatlichen Rechtsgüter[163]. Eine ursprünglich im Strafgesetzbuch von 1871 enthaltene Bestimmung (§ 102 StGB), durch die Hochverrat gegen *ausländische* Staaten unter gewissen Voraussetzungen mit Strafe bedroht war, ist selten angewandt[164], schließlich durch das Kontrollratsgesetz Nr. 11 aufgehoben und entgegen dem Entwurf der Bundesregierung auch durch das 3. Strafrechtsänderungsgesetz vom 4. August 1953[165] nicht wieder eingeführt worden. Die Ausnahmeregelung des Art. 7 des 4. Strafrechtsänderungsgesetzes vom 11. Juni 1957, das den Anwendungsbereich gewisser Strafbestimmungen der in § 3 DAG genannten Art zum Schutz der Vertragsstaaten des Nordatlantikpaktes ausdrücklich ausdehnt[166], bestätigt den erwähnten Grundsatz[167]. In der so gekennzeichneten Interessenlage findet sich der Schlüssel zum Verständnis der heutigen Funktion des § 3 DAG.

4. Die spezielle Funktion des § 3 DAG und seine Beschränkung auf das Auslieferungsverfahren

Die besondere, nicht schon durch Art. 16 Abs. 2 S. 2 GG ausgefüllte Funktion des § 3 DAG liegt darin, der grundsätzlichen Beschränkung des deutschen Strafrechts auf inländische staatliche Rechtsgüter für das Auslieferungsrecht Rechnung zu tragen. Ohne § 3 DAG könnten politische Täter, sofern sie nicht die Voraussetzungen des Art. 16 Abs. 2 S. 2 GG erfüllen, grundsätzlich ausgeliefert werden ohne Rücksicht darauf, ob das deutsche Strafrecht die Schutzwürdigkeit des verletzten ausländischen Rechtsgutes anerkennt oder nicht. Im Rahmen eines

---

[163] Hierzu *von Weber*, Der Schutz fremdländischer staatlicher Interessen im Strafrecht, in: Festgabe für Reinhard von Frank, Bd. 2 (1930), S. 269; *ders.*, Die Auslieferung bei politischen Delikten, in: Erinnerungsgabe für Max Grünhut, S. 167; *Jescheck*, Straftaten gegen das Ausland, in: Festschrift für Th. Ritter (1957), S. 275; BGH, in: Lindenmaier-Möhring, Nachschlagewerk des BGH zu § 3 StGB Nr. 2; OLG Hamm, in: JZ 1960, S. 576.

[164] Hierzu *von Weber*, Die Auslieferung bei politischen Delikten, in: Festgabe für Max Grünhut, S. 161 ff., 169 Anmerkung 37 mit Beispielen.

[165] Hierzu *Dreher*, Das dritte Strafrechtsänderungsgesetz, in: DJ 1953, S. 421 ff., 427.

[166] Hierzu *Lackner*, in: JZ 1957, S. 401.

[167] *von Weber*, Die Auslieferung bei politischen Delikten, S. 170, weist darauf hin, daß *Frankreich* sich die Möglichkeit der Ausdehnung von Strafbestimmungen für die Zwecke eines beschränkten Schutzes zugunsten verbündeter Staaten schon 1939 durch einen neuen Art. 86 Abs. 3 Code pénal geschaffen hat, der mit geringfügiger Änderung durch Ordonnance v. 4. 6. 1960 in Art. 103 übergegangen ist: „Le Gouvernement pourra, par décret en conseil des ministres, après avis du Conseil d'État, étendre soit pour le temps de guerre, soit pour le temps de paix, tout ou partie des dispositions relatives au crimes ou délits contre la sûreté de l'État aux actes concernant celle-ci qui seraient commis contre les États de la Communauté ou contre les puissances alliées ou amies de la France."

Auslieferungsvertrages bestünde ohne entsprechende Ausnahmebestimmung sogar eine Pflicht zur Auslieferung politischer Täter. Die einzige bei einem Wegfall des Verbots der Auslieferung politischer Täter verbleibende Auslieferungssperre, das Prinzip beiderseitiger Strafbarkeit, würde nämlich versagen. Denn selbst bei den Straftatbeständen, deren Anwendungsbereich nicht auf den Schutz ausländischer staatlicher Rechtsgüter ausgedehnt worden ist, muß die verfolgte Tat zur Prüfung der beiderseitigen Strafbarkeit „sinngemäß umgestellt"[168] und so angesehen werden, als ob sie im ersuchten Staat und gegen dessen Einrichtungen begangen worden wäre[169].

§ 3 DAG grenzt also den Grundsatz der beiderseitigen Strafbarkeit[170] ein, um aus allgemeinen Gesichtspunkten der Neutralitäts- und Machtpolitik eine wahllose Ausweitung des Kreises der auslieferungsfähigen Straftaten zu verhindern. Die Vorschrift trägt dabei den Besonderheiten der Behandlung politischer Straftaten im internationalen Rechtshilfeverkehr Rechnung. Eine über den Bereich des Auslieferungsverfahrens hinausgehende, in das Fremdenpolizeirecht übergreifende Wirkung kommt § 3 DAG nicht zu.

Folgt man der hier vertretenen Auffassung, daß nicht jeder politische Täter im Sinne des § 3 DAG ein politisch Verfolgter im Sinne des Art. 16 Abs. 2 S. 2 GG ist und daß umgekehrt das Merkmal der politischen Verfolgung eine politische Straftat im Sinne des § 3 DAG nicht voraussetzt, so sind Fallsituationen denkbar, in denen zwar ein Auslieferungsersuchen wegen § 3 DAG abgelehnt werden muß, dem Täter aber kein Asylrecht nach Art. 16 Abs. 2 S. 2 GG zusteht. Der eingangs geschilderte Fall[171] mag hierfür als Beispiel dienen.

Nach dem hier gefundenen Ansatz hätte das erwähnte Urteil des Oberverwaltungsgerichts Münster *nicht* ohne weiteres dem § 3 DAG eine unmittelbar ins Fremdenpolizeirecht übergreifende Schutzwirkung zugunsten des Betroffenen beimessen dürfen. Da Anhaltspunkte für die Annahme einer Umgehung des Auslieferungsverfahrens — soweit ersichtlich — nicht vorlagen, hätte die Frage der Rechtmäßigkeit von Ausweisung und Abschiebung von vornherein nach dem Fremdenpolizeirecht beurteilt werden müssen. Danach stellte sich zunächst die Frage nach einem gesetzlichen Ausweisungsgrund. Im Falle des § 10

---

[168] Zum Grundsatz der sinngemäßen Umstellung allgemein *Mörsberger*, Das Prinzip der identischen Strafrechtsnorm im Auslieferungsrecht (1969), S. 69 f. mit reichen Nachweisen.
[169] *von Weber*, Die Auslieferung bei politischen Delikten, in: Erinnerungsgabe für Max Grünhut, S. 161 ff., 166 f.; *Schultz*, Aktuelle Probleme der Auslieferung, Vorläufiger Generalbericht zum vorbereitenden Kolloquium, in: ZStW Bd. 81 (1969), S. 219 ff., 222.
[170] Hierzu oben D. II. 1.
[171] Siehe oben D. IV.

Abs. 1 Nr. 2 AuslG wäre zu prüfen gewesen, ob die der ausländischen Verurteilung zugrundeliegende Tat nach deutschem Strafrecht als Verbrechen oder Vergehen zu qualifizieren gewesen wäre. Da das deutsche Strafrecht sich grundsätzlich auf den Schutz inländischer staatlicher Rechtsgüter beschränkt[172], konnte dies für eine nach belgischem Recht strafbare politische Tat nicht ohne weiteres angenommen werden. Erwies sich die Tat dennoch als Verbrechen oder Vergehen im Sinne des deutschen Strafrechts, so war der sich aus dem Asylgrundrecht und sonstigen grundrechtlichen und fremdenpolizeilichen Vorschriften ergebende Schutz des Ausländers gegen Ausweisung und Abschiebung zu berücksichtigen. Trafen deren Voraussetzungen *nicht* zu, stand also insbesondere politische Verfolgung im Sinne des Artikels 16 GG nicht zu befürchten, so mußte die Ausweisungsverfügung grundsätzlich aufrechterhalten werden, selbst wenn die Auslieferung im gleichen Falle wegen der Art der Tat unzulässig gewesen wäre.

V. Ergebnis

Nach dem Ergebnis der bisherigen Darlegungen stehen Auslieferung und Ausweisung als eigenständige und grundsätzlich voneinander unabhängige Rechtsinstitute nebeneinander. Eine die staatliche Ausweisungsbefugnis unmittelbar berührende Einwirkung auslieferungsrechtlicher Gesichtspunkte kann nur in dem vom Ausländergesetz vorgesehenen und nach dem Grundgesetz gebotenen Maß stattfinden.

Den Umfang, in dem außerhalb des Geltungsbereiches des Ausländergesetzes liegende Umstände die Ausweisungsbefugnis einschränken sollen, hat der Gesetzgeber in § 11 AuslG abgesteckt. Der *strafrechtlich,* aber nicht politisch verfolgte Ausländer gehört danach nicht zu dem gegen Ausweisung in verstärktem Maße geschützten Personenkreis. Wenn selbst Ausländer, die als politisch Verfolgte nach Art. 16 Abs. 2 S. 2 GG Asylrecht genießen, nur unter der Voraussetzung rechtmäßigen Aufenthalts im Geltungsbereich des Ausländergesetzes in den Genuß der Ausweisungseinschränkung des § 11 AuslG kommen sollen, so kann für strafrechtlich Verfolgte nicht ohne weiteres ein weitergehender oder auch nur der gleiche Schutz angenommen werden. Vielmehr ist daraus, daß sie in die Privilegierung nicht ausdrücklich einbezogen worden sind, zu schließen, daß für sie eine Sonderbehandlung nicht vorgesehen ist. Entsprechendes gilt für die Einschränkung der *Abschiebung* politisch Verfolgter nach § 14 AuslG. Für strafrechtlich verfolgte Ausländer kann dieser Schutz auch nicht mit Hilfe auslieferungsrechtlicher Vorschriften und Grundsätze aufgebaut werden.

---
[172] Vgl. oben D. IV. 3.

E. Schlußfolgerungen

I. Ein spezielles, nach Tatbestand und Rechtsfolge feststehendes Verbot „verschleierter Auslieferung" läßt sich weder im Völkerrecht noch im deutschen innerstaatlichen Recht nachweisen.

Fälle sogenannter verschleierter Auslieferung durch Ausweisung und Abschiebung strafrechtlich verfolgter Ausländer in den Verfolgerstaat sind in erster Linie durch Klarlegung der Grenzen der Befugnisse der Fremdenpolizei zu lösen.

II. Im deutschen Recht enthält das Asylrecht des Art. 16 Abs. 2 GG ein zugleich auch die Ausweisungs- und Abschiebungsbefugnis beschränkendes Auslieferungsverbot: Der Anspruch des *politisch Verfolgten* auf Nichtauslieferung an den Verfolgerstaat darf auch nicht durch Ausweisung und Abschiebung gegenstandslos gemacht werden. Für den Bereich der Flüchtlingskonvention[1] folgt dies aus dem auch darüberhinaus im Vordringen begriffenen Grundsatz des *Non-Refoulement* (vgl. § 14 Abs. 1 AuslG).

Die einzelnen Verbote und Beschränkungen des Deutschen Auslieferungsgesetzes entfalten dagegen keine von sich aus in den Bereich des Fremdenpolizeirechts übergreifende unmittelbare Individualschutzwirkung. Das gilt auch für das Verbot der Auslieferung politischer Täter nach § 3 DAG, dessen Funktion sich neben dem Asylrecht des Art. 16 Abs. 2 S. 2 GG nur noch auf typisch auslieferungsrechtliche Zielsetzungen beschränkt.

III. Bei Ausweisung und Abschiebung eines im Ausland strafrechtlich Verfolgten sind auslieferungsrechtliche Gesichtspunkte insofern zu berücksichtigen, als die Erfüllung einer gegebenenfalls bestehenden Auslieferungspflicht oder die Einhaltung einer Spezialitätszusage im Rahmen einer Auslieferungsvereinbarung nicht durch fremdenpolizeiliche Maßnahmen vereitelt werden dürfen (§ 55 Abs. 3 AuslG).

Im übrigen ist die Rechtmäßigkeit der Ausweisung bzw. Abschiebung eines strafrechtlich verfolgten Ausländers in den Verfolgerstaat grundsätzlich nicht nach auslieferungsrechtlichen Bestimmungen, sondern aufgrund des Ausländergesetzes und der sonstigen fremdenpolizeilichen

---

[1] Art. 33 des Abkommens über die Rechtsstellung der Flüchtlinge v. 28. 7. 1953, BGBl. 1953 II, S. 559.

E. Schlußfolgerungen

Bestimmungen unter Beachtung der auch den Ausländer schützenden Grundrechte zu beurteilen.

IV. Dies bedeutet: Der Schutz des von einer fremdenpolizeilichen Maßnahme betroffenen Ausländers ist nicht aus den Grundsätzen des Auslieferungsrechts abzuleiten, die ursprünglich an souveränitätsbetonten staatlichen Interessen und den Erfordernissen des internationalen Rechtshilfeverkehrs orientiert sind, sondern muß nach Maßgabe der Grundrechte im Ausländerpolizeirecht selbst gewährleistet werden.

Je genauer die Gründe für Ausweisung und Abschiebung umschrieben werden und je wirkungsvoller die verfahrensrechtlichen Garantien zum Schutze des betroffenen Individuums im Bereich des Fremdenpolizeirechts sind, desto geringer ist die Gefahr eines Mißbrauchs fremdenpolizeilicher Maßnahmen zur Umgehung des Auslieferungsverfahrens.

V. *De lege ferenda* könnte der schon jetzt im Ausländergesetz enthaltene Grundsatz, daß der Ausgewiesene seinen neuen Aufenthaltsort im Rahmen des Möglichen selbst wählen darf, hinsichtlich der *Abschiebungsregelung* deutlicher zum Ausdruck gebracht werden[2].

Im übrigen bedarf es weder im Deutschen Auslieferungsgesetz noch im Ausländergesetz einer besonderen gesetzlichen Bestimmung zur *ausdrücklichen* Abgrenzung von Auslieferung und Ausweisung.

---

[2] Siehe z. B. Art. 5 Abs. 7 des *belgischen* Fremdenpolizeigesetzes vom 30. 4. 1964: „L'étranger qui n'aura pas exécuté volontairement la mesure prise à son égard, pourra y être contraint par la force. ... L'étranger sera reconduit *à la frontière de son choix* ou autorisé à s'embarquer pour le *pays de destination qu'il choisira*, à condition qu'il soit en possession des documents requis pour pouvoir s'y rendre." (Zitiert nach: Les Codes Larcier, Edition 1965, Bd. II [Droit Pénal], S. 272 ff.).

Literaturverzeichnis

Abendroth, W.: Stichwort „Asylrecht", in: WVR Bd. 1 (1960), S. 89 ff.

Alphand, Ch.: L'expulsion des déserteurs et l'extradition déguisée, in: Revue de droit international privé et de droit pénal international, Bd. 6 (1910), S. 35 ff.

Aymond, P.: Stichwort „Extradition", in: Dalloz, Encyclopédie Juridique, Répertoire de Droit International, Paris 1968 Bd. 1, S. 808 ff.

von Bar, L.: Internationales Privat-, Straf- und Verwaltungsrecht mit Einschluß des Zivilprozeß- und Strafprozeßrechtes, in: Enzyklopädie der Rechtswissenschaft in systematischer Bearbeitung, begründet von F. von Holtzendorff, herausgegeben von J. Kohler, Bd. 2, 2. Auflage München, Leipzig, Berlin 1914, S. 222 ff.

Bauer, E.: Die völkerrechtswidrige Entführung, Schriften zum Völkerrecht Bd. 7, Berlin 1968

Beauchet, L.: Traité de l'extradition, Paris 1899

Berber, F.: Lehrbuch des Völkerrechts, Bd. 1 — Allgemeines Friedensrecht, München und Berlin 1960

Bernard, P.: Droit international. Traité théorique et pratique de l'extradition comprenant l'exposition d'un projet de loi universelle sur l'extradition, Bd. 1 und 2, Paris 1890

Bernhardt, R.: Die Auslegung völkerrechtlicher Verträge, insbesondere in der neueren Rechtsprechung internationaler Gerichte (Beiträge zum ausländischen öffentlichen Recht und Völkerrecht, 40), Köln—Berlin 1963

Billot, A.: Traité de l'extradition suivi d'un recueil de documents étrangers et des conventions d'extradition conclues par la France et actuellement en vigueur, Paris 1874

Bindschedler, R.: Betrachtungen über die Souveränität, in: Recueil d'études de droit international, en hommage à Paul Guggenheim (1968), S. 167 ff.

Biron und *Chalmers:* The law and practice of extradition, London 1903

Bittermann, W.: Das Recht der Ausweisung in den Kulturstaaten, in: Jahrbuch für den internationalen Rechtsverkehr 1912/1913, S. 553

Blondel, A.: Expulsion, in: Repertoíre de Droit international, Bd. 8 (1930), S. 105 ff.

Bluntschli, J. C.: Das Moderne Völkerrecht der Civilisirten Staten. Als Rechtsbuch dargestellt (1868); Französische Ausgabe: „Le droit international codifié", 1870

de Boeck, Ch.: L'expulsion et les difficultés internationales qu'en soulève la pratique, in: Recueil des Cours Bd. 18 (1927—III), S. 443 ff.

Bolesta-Koziebrodzki, L.: Le droit d'asile, Leyden 1962

Bordewin, A.: Das Aufenthaltsrecht der Ausländer, Diss. Köln 1962

Bornhak, C.: Die Ausweisung fremder Staatsangehöriger vom völkerrechtlichen und staatsrechtlichen Standpunkt, in: Festgabe der Juristenfakultät der Universität Berlin für Heinrich Dernburg, Berlin 1900

Bouzat, P. und J. *Pinatel:* Traité de droit pénal et de Criminologie, Bd. 1 und 2, Paris 1963

Britsch, W. Th.: Der Fremde unter dem Schutz des Völkerrechts, Diss. Heidelberg 1932

Bröll, H.: Das „besonders schwere Verbrechen" in § 14 Abs. 1, S. 2 des Ausländergesetzes, in: NJW 1967, S. 1697.

Bruns, V.: Rechtsprechung in Auslieferungssachen seit Erlaß des Auslieferungsgesetzes vom 23. 12. 1929, in: ZaöRV Bd. 5 (1935), S. 721 ff.

Bulmerincq, A.: Das Asylrecht in seiner geschichtlichen Entwicklung, unveränderter Neudruck der Ausgabe 1853, Wiesbaden 1970

Cardozo, M. H.: When Extradition Fails, is Abduction the Solution?, in: AJIL Bd. 55 (1961), S. 127 ff.

Cavaré, L.: Le droit international public positif, Bd. 1 La notion de droit international public — Structure de la societé internationale, Paris 1951, 2. Auflage 1961

Chao Ching, Hsu: Du principe de la spécialité en matière d'extradition (Etude de droit comparé), Thèse Lausanne 1950

Clarke, E.: A treatise upon the law of extradition. With the conventions upon the subject existing between England and foreign Nations, and the cases decided thereon, 3. Auflage London 1888

O'Connel, D. P.: International Law, Bd. 1 und 2 London—New York 1965

von Conta, W.: Die Ausweisung aus dem Deutschen Reich und aus dem Staat und der Gemeinde in Preußen, Berlin 1904

Corbett, P. E.: Law and Society in the Relation of States, New York 1951

Creydt, O. A.: El derecho de expulsión, Asuncion 1927

Dahm, G.: Völkerrecht, Bd. 1 Stuttgart 1958 (1964), S. 411 ff.

Decocq, A.: La livraison des délinquants en dehors du droit commun de l'extradition, in: Revue critique de droit international privé, Bd. 53

Delius: Die Ausweisung und Auslieferung des Freiherrn von Hammerstein, in: DJZ 1896, S. 104 ff.

— Das Auslieferungsrecht unter besonderer Berücksichtigung der Stellung des Ausgelieferten vor dem erkennenden Gericht für die Praxis der deutschen Justizbehörden, Hannover 1899

Dimitrijević, V.: Političko krivično delo i ekstradicija — Political Offence and Extradition (Summary), in: Jugoslavenska Revija za Kriminologiju i Krivično Pravo, Bd. VI (1968), S. 198 ff.

Doehring, K.: Die Pflicht des Staates zur Gewährung diplomatischen Schutzes, Deutsches Recht und Rechtsvergleichung (Beiträge zum ausländischen öffentlichen Recht und Völkerrecht, 33), Köln—Berlin 1959

Doehring, K.: Stichwort „Ausweisung", in: WVR Bd. 1 (1960), S. 129 ff.
— Stichwort „Fremdenlegion", in: WVR Bd. 1 (1960), S. 565
— Die allgemeinen Regeln des völkerrechtlichen Fremdenrechts und das deutsche Verfassungsrecht (Beiträge zum ausländischen öffentlichen Recht und Völkerrecht, 39), Köln—Berlin 1963
— Restitutionsanspruch, Asylrecht und Auslieferungsrecht im Fall Argoud, in: ZaöRV Bd. 25 (1965), S. 209 ff.
— Neuregelungen des deutschen Fremdenrechts durch das „Ausländergesetz" von 1965, in: ZaöRV Bd. 25 (1965), S. 478 ff.
— Völkerrechtliche Beurteilung der „Entführung" koreanischer Staatsangehöriger aus der Bundesrepublik Deutschland im Jahre 1967, in: ZaöRV Bd. 28 (1968), S. 587 fff.
— Asylrecht und Staatsschutz, in: ZaöRV Bd. 26 (1966), S. 33 ff.
— Die Teilung Deutschlands als Problem des völker- und staatsrechtlichen Fremdenrechts (Juristische Studiengesellschaft Karlsruhe, Schriftenreihe, Heft 83), Karlsruhe 1968
— Fordert das allgemeine Völkerrecht innerstaatlichen Gerichtsschutz gegen die Exekutive?, in: Gerichtsschutz gegen die Exekutive — Judicial Protection against the Exekutive — La protection juridictionelle contre l'exétutif (Beiträge zum ausländischen öffentlichen Recht und Völkerrecht, 52), Bd. 3 Rechtsvergleichung — Völkerrecht, Köln, Berlin, Bonn, München, Dobbs Ferry, New York 1971, S. 227 ff.

Doerner: siehe Mettgenberg und Doerner

Donnedieu de Vabres, H.: Introduction à l'étude du droit pénal international. Essai d'histoire et de critique sur la compétence criminelle dans les rapports avec l'étranger, Paris 1922
— Les principes modernes du droit pénal international, Paris 1928

Drechsler, H. und R. *Linke:* Rechtshilfeverkehr mit dem Ausland in Strafsachen, Wien 1961

Dreher, E.: Das Dritte Strafrechtsänderungsgesetz, in: DJ 1953, S. 421 ff.
— Strafgesetzbuch, Kommentar 31. Auflage München und Berlin 1970

Erdmann, U.: Europäisches Fremdenrecht (Dokumente, Bd. XL), Frankfurt und Berlin 1969

Evans, A.: Reflections upon the Political Offense in International Practice, in: AJIL Bd. 57 (1963), S. 1 ff.
— Acquisition of Custody over the International Fugitive Offender-Alternatives to Extradition: A Survey of United States Practice, in: BYIL Bd. XL (1964), S. 77 ff.

Fabry, J.: Konkurrierende Auslieferungsersuchen, in: NJW 1967, S. 2342 ff.

Falk, P.: Les problèmes actuels de l'extradition — Suède, in: RIDP 39. Jg. (1968), S. 716 ff.

Fauchille, P.: Traité de droit international public, 8. Auflage von H. Bonfils, Bd. 1, 1. Teil, Paris 1922

Feneberg, H.: Das Recht der politisch Verfolgten in der Bundesrepublik, in: 2. Internationales Asyl-Colloquium, Garmisch-Partenkirchen 1964 (Schriftenreihe der Deutschen Nansen-Gesellschaft, Heft 4), 1965, S. 65 ff.

Fenwick, Ch. G.: International Law, 3. Auflage, New York—London 1948

Fleischmann, M.: Stichwort „Ausweisung", in: WVR Bd. 1 (1924), S. 334 ff.

Forgách, A.: Die Grenzen des von Art. 16 GG gewährten Asylrechts, Diss. Regensburg 1969

François, J. P. A.: Handboek van het Volkenrecht, Bd. 1 und 2 1950

Franz, F.: Das Asylrecht der politisch verfolgten Fremden nach internationalem und deutschem Recht, Diss Köln 1961

— Grenzfragen des Asylrechts: Der politische Mord, in: JR 1961, S. 441 ff.

— Der Asylfall Geza Györfi und die Flüchtlingsregelung im Ausländerpolizeirecht, in: JR 1964, S. 81 ff.

— Die Wandlung des Asylrechts vom Souveränitätsrecht des Staates zum Freiheitsrecht des Einzelnen, in: 2. Internationales Asyl-Colloquium, Garmisch-Partenkirchen 1964, Schriftenreihe der Deutschen Nansen-Gesellschaft, Heft 4, S. 133 ff.

— Das strikte Verbot der Ausweisung und Abschiebung politisch Verfolgter, in: NJW 1968, S. 1556 f.

Fraustädter, W.: Deutsches Auslieferungsgesetz vom 23. Dezember 1929 und andere neuere Vorschriften der Rechtshilfe in Strafsachen einschließlich der Auslieferung, Berlin und Leipzig 1930

von Frisch, H.: Das Fremdenrecht, Die staatsrechtliche Stellung der Fremden, Berlin 1910

Garcia-Mora, M. R.: International Law and Asylum as a Human Right, Washington D.C. 1956

— Criminal Jurisdiction of a State over Fugitives Brought from a Foreign Country by Force or Fraud: A Comparative Study, in: Indiana Law Journal Bd. 32 (1956—1957), S. 428 ff.

Geck, W. K.: Art. 102 GG und der Rechtshilfeverkehr zwischen der Bundesrepublik und Ländern mit der Todesstrafe (BVerfGE 18, 112), in: JuS 1965, S. 221 ff.

Goodhart, A. L.: Extradition and Deportation, in: L.Q. Rev. Bd. 79 (1963), S. 41 ff.

Grahl-Madsen, A.: Expulsion of Refugees, in: Expulsion, Refuge, Domicile. Abhandlungen zu Flüchtlingsfragen, Bd. III, bearbeitet von Th. Veiter, Wien 1962, S. 99 ff.

— The Status of Refugees in International Law, Bd. 1 — Refugee Character, Leyden 1966

Green, L. C.: Recent Practice in the Law of Extradition, in: Current Legal Problems Bd. 6 (1963), S. 274 ff.

— Report on the Legal Aspects of the Problem of Asylum, presented to the 51. Conference of the International Law Association Tokyo 1964, S. 245 ff.

Grimm, M.: Das Auslieferungswesen im Recht des Deutschen Bundes, in: ZStW Bd. 48 (1928), S. 448 ff.

Grosch, A.: Das deutsche Auslieferungsrecht und die Rechtshilfe in Strafsachen im Verhältnis zum Reichsausland mit den annotierten Auslieferungsverträgen des Deutschen Reiches und der Bundesstaaten, Karlsruhe 1902

Grotius, H.: De Jure Belli ac Pacis, Libri 3 (The Classics of International Law Bd. 3), 2. Reprint 1964

Grützner, H.: Der Auslieferungsverkehr der Bundesrepublik Deutschland mit dem Ausland im Jahre
1953, Beilage zum BAnz. Nr. 172 v. 8. 9. 1954
1954, Beilage zum BAnz. Nr. 161 v. 23. 8. 1955
1955, Beilage zum BAnz. Nr. 143 v. 26. 7. 1956
1956, Beilage zum BAnz. Nr. 164 v. 28. 8. 1957
1957, Beilage zum BAnz. Nr. 170 v. 5. 9. 1958
1958, Beilage zum BAnz. Nr. 193 v. 8. 10. 1959
1959, Beilage zum BAnz. Nr. 138 v. 21. 7. 1960
1960, Beilage zum BAnz. Nr. 157 v. 17. 8. 1961
1962, Beilage zum BAnz. Nr. 199 v. 23. 10. 1963
1963, Beilage zum BAnz. Nr. 171 v. 15. 9. 1964
1964, Beilage zum BAnz. Nr. 212 v. 10. 11. 1965
1965, Beilage zum BAnz. Nr. 11 v. 17. 1. 1967
1966, Beilage zum BAnz. Nr. 161 v. 29. 8. 1967
1967, Beilage zum BAnz. Nr. 165 v. 4. 9. 1968
1969, Beilage zum BAnz. Nr. 122 v. 8. 7. 1971

— Auslieferungsverbot und Asylrecht, in: Die Grundrechte, Handbuch der Theorie und Praxis der Grundrechte, herausgegeben von F. L. Neumann, H. C. Nipperdey, U. Scheuner Bd. 2 (1954), S. 583 ff.

— Internationaler Rechtshilfeverkehr in Strafsachen, Loseblattsammlung Bd. 1, 2, 3, 4 Hamburg, Berlin, Bonn ab 1955

— Die Richtlinien für den Verkehr mit dem Ausland in strafrechtlichen Angelegenheiten (RiVASt) vom 15. Januar 1959, in: BAnz. Nr. 29 vom 12. 2. 1959, S. 4

— Stichwort „Auslieferung", in WVR Bd. 1 (1960), S. 115

— Aktuelle Probleme der Auslieferung, in: ZStW Bd. 81 (1969), S. 119 ff. — Les problèmes actuels de l'extradition, in: RIDP 39. Jg. (1968), S. 379 ff.

Guggenheim, P.: Lehrbuch des Völkerrechts, unter Berücksichtigung der internationalen und schweizerischen Praxis, Bd. 1 (1948); Bd. 2 (1951)

Gut, T.: Die fiskalischen und militärischen Vergehen im schweizerischen Auslieferungsrecht (Zürcher Beiträge zur Rechtswissenschaft, N.F. Heft 99), 1943.

Hackworth, G. H.: Digest of International Law Bd. 3 Washington 1942

Häfliger, H.: Das Asylrecht nach Völkerrecht und dem Schweizerischen öffentlichen Recht, Diss. Zürich 1943

Hall, W. E. und A. P. *Higgins:* A Treatise on International Law, 8. Auflage 1924

Hambro, E.: Auslieferungspflicht und Asylrecht, in: ZStW 1961, S. 657 ff.

Harvard Law School: Draft Convention on extradition, prepared by the Research in International Law of the Harvard Law School, in: AJIL Bd. 29 (1935), Suppl. S. 21 ff.

Heinevetter, K. und H. *Hinzen*, Ausländerrecht. Zusammenstellung von Gesetzen, Rechtsverordnungen, Abkommen, Vereinbarungen, Verträgen und anderen Vorschriften zum Ausländerrecht, Bielefeld 1964 *van der Heijden,* C. J.: De uitlevering als volkenrechtelijk Probleem, Delft 1954

Hennig, M.: Grundsätze der Fremdenausweisung nach Völkerrecht und nach deutschem Staatsrecht unter besonderer Berücksichtigung des preußischen Ausweisungsrecht, Diss. Berlin 1925

Herlan, W.: Anmerkung zum Beschluß des OLG Düsseldorf vom 14.12.1959, in: MDR 1951, S. 182 ff.
— Aus der neueren Rechtsprechung zum Rechtshilfeverkehr mit dem Ausland in Strafsachen, in: JZ 1966, S. 174 ff.

O'Higgins, P.: Extradition within the Commonwealth, 9 ICLQ 1960, S. 486 ff.
— Deportation or Extradition, in: C.L.J. 1963, S. 10 ff.
— Disguised Extradition: The Soblen Case, in: The Modern Law Review Bd. 27 (1964), S. 521 ff.

Higgins, R.: The Soblen Case, in: The World Today, Bd. 18 (1962), S. 415 ff.

von Holtzendorff, F.: Die Auslieferung der Verbrecher und das Asylrecht, Berlin 1881.

Honig, F.: Extradition by Multilateral Convention, in: ICLQ Bd. 5 (1956), S. 549

Hyde, Ch.: International Law, Chiefly as interpreted and applied by the United States, Bd. 1 und 2, 2. Auflage 1947

Isay, E.: Das Deutsche Fremdenrecht, Ausländer und Polizei, Berlin 1923

Jahn, E.: Der völkerrechtliche Schutz von Flüchtlingen, Diss. Bonn 1955

Jellinek, W.: Die Bundesverweisung, in: Festschrift für Bilfinger (Beiträge zum ausländischen öffentlichen Recht und Völkerrecht, 29), Köln, Berlin 1954, S. 109 ff.

Jescheck, H. H.: Die internationale Rechtshilfe in Strafsachen in Europa, in: ZStW Bd. 66 (1954), S. 518 ff.
— Zur Reform der Vorschriften des Strafgesetzbuches über das internationale Strafrecht, in: Internationales Recht und Diplomatie, 1956/57, S. 75 ff.
— Straftaten gegen das Ausland, in: Festschrift für Th. Ritter, 1957, S. 275 ff.

Kammermann, I. W.: Die fremdenpolizeiliche Ausweisung von Ausländern aus der Schweiz, Diss. Bern 1948

Kanein, W.: Das Ausländergesetz (vom 28. April 1965) und die wesentlichen fremdenrechtlichen Vorschriften, München—Berlin 1966

Kimminich, O.: Der internationale Rechtsstatus des Flüchtlings (Schriftenreihe der Hochschule für politische Wissenschaften, München N.F. Heft 1), Köln, Berlin, Bonn, München 1962
— Zur Theorie der immanenten Schranken des Asylrechts, in: JZ 1965, S. 739 ff.
— Art. 16 GG, Kommentierung in: Kommentar zum Bonner Grundgesetz, ab 1950
— Asylrecht (Demokratie und Rechtsstaat. Kritische Abhandlungen zur Rechtsstaatlichkeit in der Bundesrepublik Bd. 9), Berlin, Neuwied 1968
— Die Entwicklung des Asylrechts in der Bundesrepublik Deutschland, in: JZ 1972, S. 257 ff.

Kirchner, C.: Der Fall Ahlers und das Auslieferungsrecht, in: NJW 1963, S. 331 f.

Kiss, A.-Ch.: L'abus de droit en droit international, Paris 1953

Kloesel, A. und R. *Christ:* Deutsches Ausländerrecht. Kommentar zum Ausländergesetz (vom 28. April 1965) und zu den wichtigsten ausländerrechtlichen Vorschriften, Stuttgart, Berlin, Köln, Mainz 1965

Klöttschen, K.: Die Rechtsstellung des politisch verfolgten Fremden nach deutschem Recht, Diss. Köln 1965

Knickenberg, R.: Die Paßbeschränkung, ihre rechtlichen Voraussetzungen und ihre Durchführung, in: Vereinigung Deutscher Auslandsbeamter e.V. Nachrichtenblatt 21. Jg. (1958) Heft 1, S. 1 ff.

Kobarg, W.: Ausweisung und Abweisung von Ausländern, Diss. Göttingen 1930

Kohler, J.: Der Savarkar-Streitfall zwischen Frankreich und England, in: Das Werk vom Haag, herausgegeben von W. Schücking, 1. Bd. 3. Teil München, Leipzig 1914, S. 65 ff.

Kraus, H.: Gegenwärtiger Stand und künftige Ausgestaltung des Auslieferungsrechts, Bericht, in: 34. Deutscher Juristentag, Berlin und Leipzig 1926, S. 302 ff.

Kreibaum, G.: Der Fall Ahlers und das Auslieferungrecht, in: NJW 1963, S. 631 f.

Kreppel, G.: Verfassungsrechtliche Grenzen der Auslieferung und Ausweisung unter besonderer Berücksichtigung der Auslieferung bei drohender Todesstrafe, Diss. Würzburg 1966

Lackner, K.: Das Vierte Strafrechtsänderungsgesetz, in: JZ 1957, S. 401 ff.

Lammasch, H.: Auslieferungspflicht und Asylrecht. Eine Studie über Theorie und Praxis des internationalen Strafrechtes, Leipzig 1887

Lange, R.: Grundfragen des Auslieferungs- und Asylrechts (Juristische Studiengesellschaft Karlsruhe. Schriftenreihe Heft 5) Karlsruhe 1953

de Lapradelle und J. H. P. *Niboyet:* Répertoire de Droit International, Bd. 8 Théorie générale de la condition de l'Etranger, Paris 1930

Lawson, N.: World Habeas Corpus and International Extradition, in: International Bar Association, 10th Conference Report, Mexico City 1964, S. 37 ff.

Leibholz, G.: Das Verbot der Willkür und des Ermessensmißbrauchs im völkerrechtlichen Verkehr der Staaten, Berlin, Leipzig 1929

Lerche, P.: Das Asylrecht ist unverwirkbar, in: Festschrift für Adolf Arndt, 1969, S. 199 ff.

von Liszt, F.: Sind gleiche Grundsätze des internationalen Strafrechts für die europäischen Staaten erstrebenswert? und eventuell welche?, in: 16. Deutscher Juristentag, Bd. 1 Berlin 1882, S. 3 ff.

von Liszt und M. *Fleischmann:* Das Völkerrecht, 12. Auflage Berlin 1925

Makarov, A. N.: Das internationale Flüchtlingsrecht und die Rechtsstellung heimatloser Ausländer nach dem Bundesgesetz vom 25. April 1951, in: ZaöRV Bd. 14 (1952), S. 431 ff.

Marchand, D.: Entführungen auf fremdem Staatsgebiet, in: Journal der Internationalen Juristen-Kommission Bd. 7 (1966), S. 270 ff.

von Martitz, F.: Internationale Rechtshilfe in Strafsachen, Beiträge zur Theorie des positiven Völkerrechts der Gegenwart. Erste Abteilung 1888, Zweite Abteilung 1897

Martini, A.: L'expulsion des étrangers, Paris 1909

Marxen, W.: Deutsches Ausländerrecht. Ausländergesetz (vom 28. April 1965) und sonstiges Aufenthaltsrecht, München 1967

Maunz, Th. und G. *Dürig:* Grundgesetz. Kommentar. München, Berlin, Loseblattausgabe ab 1958

Maunz - Sigloch - Schmidt - Bleibtreu - Klein: Bundesverfassungsgerichtsgesetz mit Nebengesetzen, München—Berlin 1965/1967

Merl, H. J.: Das Asylrecht politisch Verfolgter nach Artikel 16 (2) 2 Grundgesetz, Diss. München 1968

Mettgenberg, W.: Gegenwärtiger Stand und künftige Ausgestaltung des Auslieferungsrechts, Gutachten, 34. Deutscher Juristentag, Bd. 1 Berlin, Leipzig 1926, S. 30 ff.

Mettgenberg, W. und K. *Doerner:* Deutsches Auslieferungsgesetz, 2. Auflage Berlin, Frankfurt 1953

Meyer, H.: Die Einlieferung. Eine rechtsvergleichende Abhandlung unter Berücksichtigung des materiellen Auslieferungsrechts und der deutschen Rechtsprechung in Auslieferungssachen bis zum Jahre 1953, Bonn 1953

von Mohl, R.: Die völkerrechtliche Lehre vom Asyle, in: Staatsrecht, Völkerrecht und Politik, Bd. 1 (1860), S. 717 ff.

Mohn, W.: Probleme des Asylrechts politisch Verfolgter, Diss. Münster/W. 1966, S. 27

Moore, J. B.: A treatise on extradition and interstate rendition, Bd. 1 Boston 1891

L. S. *Morales Trinidad:* Expulsión de extranjeros y extradisión, Mexico 1966

Mörsberger, M.: Das Prinzip der identischen Strafrechtsnorm im Auslieferungsrecht (Neue Kölner Rechtswissenschaftliche Abhandlungen, Heft 59), Berlin 1969

Morvay, W.: Rechtsprechung nationaler Gerichte zur Europäischen Konvention zum Schutze der Menschenrechte und Grundfreiheiten vom 4. November 1950 (MRK) nebst Zusatzprotokoll vom 20. März 1952, in: ZaöRV Bd. 21 (1961), S. 89 ff.; 316 ff.

Mosler, H.: Stichwort „Völkerrechtsfähigkeit", in: WVR Bd. 3 (1962), S. 673 ff.

Müller, E.: Der Ausgelieferte vor dem Gerichte. Diss. München 1887

von Münch, I.: Übungsfälle zum Staatsrecht, Verwaltungsrecht, Völkerrecht, Bad Homburg, Berlin, Zürich 1968

Oehler, D.: Aktuelle Probleme der Auslieferung, in: ZStW Bd. 81 (1969), S. 142 ff.

— Les problèmes actuels de l'extradition, in: RIDP 3. Jg. (1968), S. 397 ff.

Oppenheim, L. und H. *Lauterpacht:* International Law, Bd. 1 und 2, 3. Auflage London 1952 *van Panhuys*, H. F.: Le traité d'extradition en tant que source de droit pour les individus, in: Le Droit Pénal International, Recueil d'Etudes en Hommage à J. M. van Bemmelen, Leyden 1965, S. 60 ff.

Partsch, K. J.: Stichwort „Individuum im Völkerrecht", in: WVR Bd. 2 (1961), S. 12 ff.

Pfenninger, H. F.: Ein Typusauslieferungsvertrag, in: Zeitschrift für Schweizerisches Recht, Bd. 54 (1935), S. 70 ff.

— Strafrechtliche Landesverweisung und administrative Ausweisung, in: Schweizerische Juristenzeitung Bd. 53 (1957), S. 316 ff.

Platz, K. W.: EWG-Niederlassungsrecht und individuelle Rechtspositionen, Köln und Berlin 1966

Platz, K. W. und G. *Lörcher:* Völkerrechtliche Praxis der Bundesrepublik Deutschland im Jahre 1962, in: ZaöRV Bd. 24 (1964), S. 637 ff.

Politis, N.: Le problème des limitations de la souveraineté et la théorie de l'abus des droits dans les rapports internationaux, in: Recueil des Cours, Bd. 6 (1925—I), S. 5 ff.

Reale, E.: Le droit d'asile, in: Recueil des Cours, Bd. 63 (1938—I), S. 469 ff.

Rogerson, A.: Deportation, in: Public Law 1963, S. 305 ff.

Roux, J. A.: L'entre'aide des Etats dans la lutte contre la criminalité, in: Recueil des Cours, Bd. 36 (1931—II), S. 81 ff.

Ruth, M.: Das Fremdenpolizeirecht der Schweiz, Zürich 1934

Saint-Aubin, J.: L'extradition et le droit extraditionnel, Théoretique et appliqué suivi du texte des tous les traités d'extradition conclus par la France jusqu'à ce jour. Teil 1 und 2, Paris 1913

Sand, P.: Das Verfahren der administrativen Ausweisung der Ausländer aus der Schweiz, Diss. Bern 1928

Schapiro, L. W.: Repatriation of Deserters, in: BYIL Bd. 29 (1952), S. 310 ff.

Schick, W.: Der Abschiebungs- und Übernahmeverkehr, in: Monatsschrift deutscher Auslandsbeamter 1964, S. 370 ff.

Schiedermair, R.: Handbuch des Ausländerrechts der Bundesrepublik Deutschland, Frankfurt, Berlin 1968

Schindler, W.: Die Fremdenausweisung nach schweizerischem Bundesstaatsrecht, Zürcher Diss. Wäderswil 1930

Schniederkötter, Th.: Die Durchlieferung. Eine rechtsvergleichende Darstellung zum Verständnis des Auslieferungsrechts, Hamburg 1937

Schönke, A. und H. *Schröder:* Strafgesetzbuch. Kommentar. München, Berlin (Auflage jeweils zitiert).

Schorn, H.: Die Europäische Konvention zum Schutze der Menschenrechte und Grundfreiheiten und ihr Zusatzprotokoll in Einwirkung auf das deutsche Recht. Frankfurt 1965

Schüle, A.: Stichwort „Rechtsmißbrauch", in: WVR Bd. 3 (1962), S. 69 ff.

Schüler, E. und P. *Wirtz:* Rechtsprechung zum Ausländerrecht, Entscheidungen zur Ausländerpolizeiverordnung und zum Ausländergesetz, Berlin 1971

Schultz, H.: Das schweizerische Auslieferungsrecht (Schweizerische Criminalistische Studien Bd. 7) Basel 1953

— Aktuelle Probleme der Auslieferung, Vorläufiger Generalbericht zum vorbereitenden Kolloquium, in: ZStW Bd. 81 (1969), S. 199 ff. Les problèmes actuels de l'extradition, Rapport général provisoire, in: RIDP 39. Jg. (1968), S. 785 ff.

Schürch, O.: Das Schweizerische Asylrecht, in: Zeitschrift des Bernischen Juristenvereins Bd. 104 (1968), S. 241 ff.

Schwarz: Die Ausweisung von Ausländern aus dem Deutschen Reich und aus Preußen, Diss. Jena 1933

Schwarzenberger, G.: Uses and Abuses of the „Abuse of Rights" in International Law, in: Grotius Society, Transactions for the Year 1956, Bd. 42 (1957), S. 147 ff.

— International Law as applied by International Courts and Tribunals, Bd. 1 London 3. Auflage 1957

Thornberry, D. H. R.: Dr. Soblen and the Alien Law of the United Kingdom, in: ICLQ 1963, S. 414 ff.

Tomuschat, Ch.: Zur politischen Betätigung des Ausländers in der Bundesrepublik Deutschland (Völkerrecht und Außenpolitik Nr. 4) 1968

Trautvetter, P. M.: Die Ausweisung von Ausländern durch den Richter im Schweizerischen Recht, Diss. Zürich 1957

United Nations: Economic and Social Council/Commission on Human Rights, Question of the Punishment of War Criminals and of Persons who have committed Crimes against Humanity, Study prepared by the Secretary-General v. 13. 1. 1969, E/CN. 4/983

— Study on Expulsion of Immigrants, ST/SOA/22, New York 1955

de Vattel, E.: Le Droit des gens ou principes de la loi naturelle — The Law of Nations or the Principles of Natural Law (The Classics of International Law Bd. 3), Washington 1916

Verdroß, A.: Völkerrecht, 5. Auflage Wien 1964

— Les règles internationales concernant le traitement des étrangers, in: Recueil des Cours Bd. 37 (1931—III), S. 323 ff.

Vincineau, M. und D. *Salmon-Mathy*: Du Refus de participer à des conflits armées contraires au droit International, herausgegeben von der Association Internationale des Juristes Démocrates, Brüssel 1970

Virally, M.: Le principe de réciprocité dans le droit international contemporain, in: Recueil des Cours Bd. 122 (1967), S. 1 ff.

Vogler, Th.: Aktuelle Probleme der Auslieferung, in: ZStW Bd. 81 (1969), S. 163 ff. — Les Problèmes actuels de l'extradition, in: RIDP 39. Jg. (1969), S. 417 ff.

— Auslieferungsrecht und Grundgesetz, Schriften zum Strafrecht Bd. 11, Berlin 1970

Walker, G.: Über politische Verbrechen und das Asylrecht, in: Zeitschrift für öffentliches Recht, 1924, S. 335 ff.

Walter, H.: Die Europäische Menschenrechtsordnung — Individualrechte, Staatenverpflichtungen und ordre public nach der Europäischen Menschenrechtskonvention, Beiträge zum ausländischen öffentlichen Recht und Völkerrecht 53, Köln—Berlin 1970

von Weber, H.: Der Schutz fremdländischer Interessen im Strafrecht, in: Festgabe für Reinhard Frank Bd. 2 1930, S. 269 ff.

— Das passive Personalitätsprinzip, in: Deutsche Landesreferate zum III. Internationalen Kongreß für Rechtsvergleichung 1950, S. 894 ff.

— Anmerkung zu BGHSt 18, 218, in: JZ 1963, S. 515 ff.

— Die Auslieferung bei politischen Delikten, in: Erinnerungsgabe für Max Grünhut, Marburg 1964, S. 161 ff.

Weis, P.: Legal Aspects of the Convention of 28 July 1951 relating to the Status of Refugees, in: BYIL Bd. 30 (1953), S. 478 ff.

— The International Protection of Refugees, in: AJIL 1954, S. 193 ff.

— The Hague Agreement Relating to Refugee Seamen, in: ICLQ Bd. 7 (1958), S. 334 ff.

— Recent Developments in the Law of Territorial Asylum, in: Revue des Droits de l'Homme-Human Rights Journal Bd. 1 (1968), S. 368 ff.

— Human Rights and Refugees-Lecture held at Yale University Law School, in: Interpreter Releases, Bd. 45 Nr. 11 vom 18. 3. 1968

— The United Nations Declaration on Territorial Asylum, in: The Canadian Yearbook of International Law 1969, S. 92 ff.

Wengler, W.: Völkerrecht, Bd. 1 und 2 Berlin, Götitngen, Heidelberg 1964

Wheaton, H.: Wheaton's Elements of International Law, 5. engl. Ausgabe, London 1916

Wiebringhaus, H.: Le Droit d'Asile en Europe, in: Annuaire Français de Droit International, Bd. XIII (1967), S. 566 ff.

Widmer, H.: Die Landesverweisung als Mittel der Verbrechensbekämpfung (unter besonderer Berücksichtigung des schweizerischen Rechts), Zürcher Diss., Weida i. Thür. 1922

Wise, E. M.: Les problèmes actuels de l'extradition-Etats Unis d'Amerique, in: RIDP 39. Jg. (1968), S. 518 ff.

Zink, K. F.: Das Asylrecht in der Bundesrepublik Deutschland nach dem Abkommen vom 28. Juli 1951 über die Rechtsstellung der Flüchtlinge, Diss. Erlangen 1962

Printed by Libri Plureos GmbH
in Hamburg, Germany